Rita Bernardi

GESUND
EINFACH
DELIKAT

Vollwertküche

Über 200 vegetarische Rezepte zum Nachkochen und Genießen

Fotos von Hannes Meraner

VERLAGSANSTALT ATHESIA | BOZEN

BIBLIOGRAFISCHE INFORMATION DER DEUTSCHEN NATIONALBIBLIOTHEK
Die Deutsche Nationalbibliothek verzeichnet diese Publikation in der Deutschen Nationalbibliografie; detaillierte bibliografische Daten sind im Internet abrufbar: http://dnb.d-nb.de

UMSCHLAGFOTO
Topfen-Kräutergnocchi

September 2009 · *Dritte Auflage*

Fotografie: meraner-hauser.com
Gestaltung und Satz: design.buero, St. Leonhard in Passeier
Gesamtherstellung: Athesiadruck, Bozen

ISBN 978-88-8266-489-3

www.athesiabuch.it
buchverlag@athesia.it

Inhalt

8 Vorwort – Dr. Barbara Telser, Verbraucherzentrale Südtirol
9 Zu diesem Buch – Rita Bernardi
10 Was ist eine vitalstoffreiche Vollwertkost?
11 Gesund durch vitalstoffreiche Vollwertkost
12 Wesentliche Elemente der Vollwertkost
13 Das Getreide
20 Was Sie sonst noch wissen sollten!
23 Allgemeines zum Brotbacken
24 Tipps und Tricks zum Brotbacken
26 Marmeladen in der Vollwertküche
27 Praktische Anleitungen zu den Rezepten

28 FEINE SALATE UND ROHKOSTGERICHTE
46 DRESSINGS UND DIPS
50 SUPPEN
62 GETREIDESPEISEN
84 KARTOFFELGERICHTE
88 NUDELGERICHTE
92 SÜSSSPEISEN
96 GEMÜSEGERICHTE – BEILAGEN
102 SAUCEN
106 DESSERTS
114 VOLLKORNBÄCKEREIEN
132 WEIHNACHTSGEBÄCK
136 VOLLKORNBROTE
152 BROTAUFSTRICHE
158 DIVERSES

160 Glossar
160 Quellenangaben und Literaturhinweise
161 Register
164 SGGF – Biografie
165 Sponsoren

Inhaltsübersicht

FEINE SALATE UND ROHKOSTGERICHTE

S. 28

SUPPEN

S. 50

GETREIDE-SPEISEN

S. 62

KARTOFFEL-GERICHTE

S. 84

S. 96

GEMÜSEGERICHTE – BEILAGEN

S. 106

DESSERTS

der Rezepte

NUDELGERICHTE

88

SÜSSSPEISEN

S. 92

14

VOLLKORN-
BÄCKEREIEN

S. 132

WEIHNACHTS-
GEBÄCK

S. 136

VOLLKORNBROTE

S. 152

BROT-
AUFSTRICHE

Vorwort

Essen heißt genießen – den Duft und den Geschmack der Speisen, das Wohlgefühl danach. Doch leider ist nicht alles, was bei uns in den Töpfen landet, ein wahrer Genuss für Leib und Seele – häufig leider auch nicht für die Umwelt. Hier will die Autorin des vorliegenden Buches Abhilfe schaffen. Sie zeigt mit ihren köstlichen Rezepten, wie einfach es sein kann, raffinierte, nachhaltige Genüsse zu zaubern. Perfekte Küche auf hohem Niveau – dafür muss schon der „Rohstoff" passen. Die Tomate muss nicht nur rot, sondern auch richtig aromatisch sein, die Kartoffel soll wie früher so richtig nach Kartoffeln schmecken.

Die konsequente Verwendung frischer, regionaler, saisonaler und biologischer Lebensmittel ist für mich das Besondere der Südtiroler Gesellschaft für Gesundheitsförderung.

Obst und Gemüse der Saison ist voll Aroma und besonders wertvoll, denn es bietet den optimalen Gehalt an Vitaminen, Mineralstoffen und sekundären Pflanzenstoffen. Die Verwendung frischer regionaler Lebensmittel spart weite, energiefressende Transporte. Die biologische Landwirtschaft garantiert eine Lebensmittelproduktion, die ohne chemisch-synthetische Dünge-, Spritz- und Keimhemmungsmittel sowie ohne vorbeugende Medikamentengaben in der Tierhaltung auskommt. Gentechnik und kritische Zusatzstoffe, wie Farbstoffe, Konservierungsmittel und Geschmacksverstärker sind bei Bio gänzlich verboten. Die Bioproduktion ist zudem umweltfreundlich, der Energieverbrauch am Biohof liegt bei rund einem Drittel von dem der konventionellen Landwirtschaft, die CO_2-Emissionen sind um 50–60 Prozent geringer.

Das Kochbuch bietet köstliche Rezepte für Gesundheit, Umweltschutz und Genuss in einem. Ich wünsche dem Kochbuch viele begeisterte LeserInnen!

Dr. Barbara Telser
Ernährungswissenschaftlerin und Mitarbeiterin
der Verbraucherzentrale Südtirol

Zu diesem Buch

Es ist heute hinlänglich bekannt, dass eine richtige Ernährung Voraussetzung für die Gesundheit ist. Durch eine Fülle von verschiedensten Informationen zu gesunder Ernährung wird die Bevölkerung jedoch verunsichert und vielfach irregeführt. Was bei einer Ernährungsempfehlung hochgepriesen wird, kann im nächsten Moment bei einer anderen Ernährungsrichtung schon wieder verdammt werden. Viele solcher Empfehlungen gehen am Wesentlichen vorbei.
Die wahren Ursachen vieler Erkrankungen werden heute nicht erkannt, von der Nahrungsmittelindustrie und vielen Experten verschwiegen. Die ständige Zunahme vieler Krankheiten und die enormen Gesundheitsprobleme in der Bevölkerung zeigen dies ganz deutlich. 80 Prozent der Krankheiten sind ernährungsbedingt, das heißt, sie entstehen durch jahrelange falsche Ernährung. Werden die Zusammenhänge zwischen Gesundheit und Ernährung wirklich erkannt, so sollte einer Umstellung der Ernährung nichts mehr im Wege stehen.
Die vitalstoffreiche Vollwertkost, wie sie im vorliegenden Buch beschrieben wird, ist für mich die Ernährungsform, welche eine Gewähr für die Erhaltung bzw. Wiedererlangung der Gesundheit darstellt. In der Ausbildung zur Gesundheitsberaterin bei der Gesellschaft für Gesundheitsberatung (GGB) in Lahnstein konnte ich noch bei Dr. Max Otto Bruker persönlich die Grundprinzipien der vitalstoffreichen Vollwertkost sowie die Zusammenhänge zwischen Ernährung und Gesundheit bzw. Krankheit kennenlernen. Die konsequente Durchführung dieser Kost in der eigenen Familie bestätigt die gesundheitlichen Vorteile.
Als gesundheitserhaltende und vor allem vorbeugende Maßnahme für alle ernährungsbedingten Zivilisationskrankheiten sollte diese Kostform in den Familien viel stärker praktiziert werden.
Werden die Grundprinzipien eingehalten, so ist die Umstellung auf eine vitalstoffreiche Vollwertkost einfach und für jeden durchführbar. Schon nach kurzer Zeit werden Sie eine Verbesserung bzw. Steigerung Ihres Wohlbefindens feststellen können.
Seit Jahren versuchen wir durch unsere Tätigkeit in der Südtiroler Gesellschaft für Gesundheitsförderung SGGF die Richtlinien der Vollwertkost allen Interessierten weiter zu geben. Durch Kochkurse, Beratung in Vollwerternährung und verschiedenste Veranstaltungen möchten wir als Verein die Vollwertküche bekannt machen.
Die Herausgabe eines neuen Vollwertkochbuches mit gesunden und schmackhaften Rezepten, welche sich im Laufe der Jahre durch unsere Arbeit im Verein angesammelt haben, soll ein weiterer Schritt sein, diese Kostform als wirklich gesundheitsfördernde und umweltfreundliche Ernährung vielen Leuten näher zu bringen.
Gesunde, vollwertige Kost soll und muss auch gut schmecken. Alle Geschmacksrichtungen können zufrieden gestellt werden. Die einfachen, leicht nachkochbaren Rezepte sollen ein Anstoß sein, etwas für die Gesundheit zu tun, und Sie auch dazu anregen, selber bewährte Rezepte in gesunde und vollwertige Speisen umzuwandeln.

Ich wünsche Ihnen auch im Namen meiner Kolleginnen des SGGF-Vorstandes viel Freude und große Genugtuung am Buch sowie bei der Zubereitung der Speisen.

Rita Bernardi

Was ist eine vitalstoffreiche Vollwertkost?

Unter Vollwertkost versteht man jene Kostform, die sich aus möglichst naturbelassenen Lebensmitteln zusammensetzt.
„Lasst die Nahrung so natürlich wie möglich" ist das oberste Prinzip in der Vollwertkost. Daher werden alle Speisen, die mit Fabriknahrungsmitteln (Auszugsmehle, Fabrikzucker, raffinierte Öle) zubereitet werden, weitgehend gemieden.
Wegbereiter für eine vitalstoffreiche Vollwertkost waren die Ärzte Dr. Max Bircher Benner, Dr. Max Otto Bruker sowie der Ernährungsforscher Professor Werner Kollath.
Dr. Max Otto Bruker hat als ärztlicher Leiter biologisch geführter Krankenhäuser in jahrzehntelanger Praxis viele neue Erkenntnisse gewonnen, die er in zahlreichen Büchern und Schriften festhielt. Diese stellen die wichtigsten Quellen für die folgenden Ausführungen dar, zumal die Weitergabe der Erkenntnisse von Dr. Bruker ein wesentliches Anliegen sowohl der Gesellschaft für Gesundheitsberatung (GGB) als auch der Südtiroler Gesellschaft für Gesundheitsförderung (SGGF) ist.

Eine vitalstoffreiche Vollwertkost enthält nicht nur die Grundnährstoffe Eiweiß, Fett und Kohlenhydrate, sondern auch alle biologischen Wirkstoffe, die der Organismus für eine optimale Verdauung und für reibungslose Stoffwechselvorgänge benötigt.
Diese Wirkstoffe werden als Vitalstoffe bezeichnet.
Dazu gehören:

- wasserlösliche und fettlösliche Vitamine
- Mineralstoffe
- Spurenelemente
- Enzyme oder Fermente
- ungesättigte Fettsäuren
- Aromastoffe
- Faserstoffe (auch als Ballaststoffe bezeichnet)

Vitalstoffe sind zur Erhaltung oder Wiedererlangung der Gesundheit unentbehrlich.

Vollwerternährung ist keine Diät, sondern eine Kostform, die von jedem Menschen, egal welchen Alters, durchgeführt werden kann. Sie ist die Grundlage für die Gesundheit des Menschen.
Eine Umstellung ist in jeder Lebensphase möglich, ja sogar zu empfehlen.
Es ist nie zu spät, um etwas für die Gesundheit zu tun!

Wer Gesundheit erwerben will, der muss sich von der Menge der Menschen trennen, denn die Masse geht immer den Weg gegen die reine Vernunft und versucht immer, ihre Leiden und Schwächen zu verbergen.
Lasst uns nie fragen
„Was ist das Übliche?", sondern „Was ist das Beste?"
Seneca
römischer Philosoph (um 4 v. Chr. – 65 n. Chr.)

Gesund durch vitalstoffreiche Vollwertkost

Das Prinzip der vollwertigen Ernährung besteht darin, naturbelassene und so wenig wie möglich veränderte Lebensmittel zu sich zu nehmen.
Eine Vollwertkost ist gekennzeichnet durch einen hohen Vitalstoffgehalt. Die Vitalstoffe sind für die Gesunderhaltung unseres Körpers unentbehrlich.
Grundsätzlich sind einerseits vier Lebensmittel zu meiden, andererseits gibt es vier Lebensmittel, die man täglich essen sollte:

Zu meiden sind:
1. alle Auszugsmehlprodukte
2. alle Fabrikzuckerarten
3. alle raffinierten Fette (Margarine, heißgepresste Öle)
4. für Magen-, Darm-, Leber- und Gallenempfindliche: alle Säfte aus Obst und Gemüse, gleichgültig ob sie selbst hergestellt sind oder gekauft, gekochtes Obst, Trockenfrüchte

Lebensmittel, die man täglich essen sollte:
1. Vollkornbrot, möglichst viele verschiedene Sorten
2. täglich drei Esslöffel Getreide in Form eines Frischkorngerichtes
3. eine Frischkostbeilage bestehend aus rohem Gemüse und rohem Obst
4. naturbelassene Fette wie Butter, Sahne sowie unraffinierte, kaltgepresste Öle

Bei bestimmten Erkrankungen ist die Vermeidung bzw. Einschränkung von Tiereiweiß empfehlenswert. Alle übrigen nicht erwähnten Speisen können täglich genossen werden.

Quelle: Dr. M. O. Bruker, *Gesund durch richtige Ernährung*, emu-Verlag

Unterschied zwischen Vollwertkost und Zivilisationskost

Die Zivilisationskost ist jene Kostform, die heute von vielen Menschen praktiziert wird. Sie ist gekennzeichnet durch einen geringen Anteil an natürlichen Lebensmitteln und einen zu hohen Anteil an fabrikatorisch hergestellten Nahrungsmitteln, bei denen Fabrikzucker, Auszugsmehle sowie raffinierte Fette und Öle eine wesentliche Rolle spielen.

Bei der vitalstoffreichen Vollwertkost steht das vollständige, unzerstörte Lebensmittel im Vordergrund. Der Wert der Nahrung wird nicht nur an ihrem Gehalt an Kohlenhydraten, Fett und Eiweiß gemessen, sondern vor allem an ihrem Gehalt an Vitalstoffen.
Die Lebendigkeit der Nahrung steht im Vordergrund.

Ein Großteil der Krankheiten, unter denen die Menschen heute leiden, entsteht durch falsche Ernährung. Die moderne Ernährungsforschung hat nachgewiesen, dass folgende Krankheiten ernährungsbedingt sind:

1. Gebissverfall, Zahnkaries, Parodontose, Zahnfehlstellungen
2. Erkrankungen des Bewegungsapparates, die so genannten rheumatischen Erkrankungen, die Arthrose und Arthritis, die Wirbelsäulen- und Bandscheibenschäden
3. Alle Stoffwechselerkrankungen wie Übergewicht, Zuckerkrankheit, Leberschäden, Gallensteine, Nierensteine, Gicht usw.
4. Die meisten Erkrankungen der Verdauungsorgane wie Stuhlverstopfung, Leber-, Gallenblasen-, Bauchspeicheldrüsen- sowie Dünndarm- und Dickdarmerkrankungen, Verdauungs- und Fermentstörungen
5. Gefäßerkrankungen wie Arteriosklerose, Herzinfarkt, Schlaganfall und Thrombosen
6. Mangelnde Infektabwehr, die sich in immer wiederkehrenden Katarrhen und Entzündungen der Luftwege, den so genannten Erkältungen, und in Nierenbecken- und Blasenentzündungen äußert
7. Die meisten der so genannten Allergien
8. Manche organische Erkrankungen des Nervensystems
9. Auch an der Entstehung des Krebses ist die Fehlernährung in erheblichem Maße beteiligt

Quelle: Dr. M. O. Bruker, *Gesund durch richtige Ernährung*, emu-Verlag

Wesentliche Elemente der Vollwertkost

Vom Wert der Frischkost

Die Frischkost, also unerhitzte, rohe Nahrung, spielt in der Vollwerternährung eine besondere Rolle. Sie sollte täglich im Speiseplan enthalten sein.

Mindestens ein Drittel der täglich zugeführten Nahrung sollte Frischkost sein, denn mit der Frischkost ist die Zufuhr aller biologischen Wirkstoffe (Vitalstoffe) garantiert.
Der Obstanteil sollte beim Verzehr von Frischkost nicht überwiegen. Es empfiehlt sich, zwei Drittel Gemüse und ein Drittel Obst zu verzehren. Um eine möglichst breite Vielfalt zu gewähren, sollten bei den Gemüsesorten täglich zwei über der Erde und zwei unter der Erde gewachsene Sorten gegessen werden. Als oberstes Motto gilt: So abwechslungsreich wie möglich und den Jahreszeiten entsprechend. **Frischkost wird immer vor der gekochten Kost gegessen!**

Obst und Gemüse werden nur geschält, wenn es unbedingt notwendig ist. Auch Karotten, Zucchini, Gurken und Rohnen sollten mit der Schale verzehrt werden, denn gerade in und unmittelbar unter der Schale befinden sich wichtige Wirkstoffe (Vitalstoffe), die dem Organismus helfen, besser mit den toxischen Belastungen fertig zu werden. Beim Waschen und Abbürsten von Gemüse eignet sich eine Gemüsebürste besonders gut.
Gemüse wird so kurz wie möglich gegart, entweder mit wenig Kochwasser, im eigenen Saft oder über Dampf (dazu einen Siebeinsatz verwenden).

Eiweiß

Bei einer richtigen Vollwertkost kann der Eiweißbedarf durch pflanzliche Kost gedeckt werden. **Lange Zeit war man der Meinung, dass nur die tierischen Eiweiße alle essenziellen Aminosäuren enthielten. Nunmehr wurde aber nachgewiesen, dass auch die pflanzlichen Eiweiße alle lebensnotwendigen Aminosäuren enthalten.**

Zudem ist es von großer Bedeutung, ob das Eiweiß in nativer, also unerhitzter Form, oder denaturiert, also erhitzt, zugeführt wird.
Prof. Kollath hat in vielen Fütterungsversuchen bewiesen, dass zwischen nativem und denaturiertem Eiweiß ein grundsätzlicher Unterschied besteht. Zur Erhaltung und Wiedererlangung der Gesundheit ist die Zufuhr von lebendigem (nativem) Eiweiß absolut erforderlich. Dies geschieht durch den Verzehr von unerhitztem Getreide, Gemüse und Obst.

Zu den tierischen Eiweißen zählen Fleisch, Fisch, Wurst, Eier, Milch, Quark und Käse.
Das Ergebnis einer ständigen Eiweißüberfütterung durch zu viele tierische Eiweiße ist eine Vielzahl an Zivilisationskrankheiten. Dazu gehören Erkrankungen des Bewegungsapparates, Stoffwechselkrankheiten wie Gicht, Gefäßerkrankungen, allergische Erkrankungen sowie Infektanfälligkeit. Zur Linderung bzw. Heilung der angeführten Krankheiten kommt es nur, wenn auf die tierischen Eiweiße verzichtet und eine vitalstoffreiche Vollwertkost mit genügend Frischkostanteil gegessen wird.

Muss eine Vollwertkost vegetarisch sein?
Bei einer vitalstoffreichen Vollwertkost mit genügend Frischkostanteil sind weder Fleisch noch Fisch zur Deckung des Eiweißbedarfs notwendig. Genau genommen gehören Fleisch und Fisch nicht in eine vitalstoffreiche Vollwertkost.
Möchte jemand trotzdem nicht ganz auf Fleisch oder Fisch verzichten, so gilt Folgendes: Fleisch und Fisch nur in Maßen verzehren, außerdem auf Qualität achten (Biofleisch verwenden).

Fette

Fett ist neben Eiweiß und Kohlenhydraten ein wichtiger Nährstoff und gleichzeitig Träger von fettlöslichen Vitaminen. Zudem trägt Fett wesentlich zum Aufbau und zur Erhaltung körperlicher Funktionen bei.

Auch bei den Fetten steht die Qualität im Vordergrund. **Naturbelassene, unraffinierte und kaltgepresste Fette sind für den Körper lebensnotwendig. Sie sind allen denaturierten Fetten (raffinierte Öle, Margarine) vorzuziehen.**
Butter, Sahne, kaltgepresste Öle, Fettsamen wie Haselnüsse, Mandeln, Sesamsamen, Sonnenblumenkerne gehören zu den natürlichen Fetten und sollten im Speiseplan einer vollwertigen Kost enthalten sein.
Verwenden Sie Fette und Öle vor allem in natürlicher Form, das heißt, ohne sie zu erhitzen.
Zum Anbraten, Dünsten und Braten können Sie jegliches kaltgepresstes Öl verwenden (Maisöl, Sonnenblumenöl, auch Olivenöl). Achten Sie, dass das Öl nicht unnötig stark erhitzt wird.

Das Getreide

Getreide ist seit jeher das wesentliche Element der menschlichen Ernährung. Das Getreidekorn ist die natürlichste Konserve der Natur. Wird das Korn gemahlen, erfolgt durch den Zutritt von Sauerstoff eine kleine Wertverminderung. Das Fett im Keim des Getreidekorns wird rasch ranzig, das Vollkornmehl ist daher nicht lange lagerfähig.

Der **Getreidekeim** ist der kleinste, aber gehaltvollste Teil des Korns. Er enthält hochwertige Eiweiße, Fette, Vitamine, Mineralstoffe und Spurenelemente.
Vitamin B1 nimmt im Stoffwechselgeschehen eine zentrale Stellung ein. Durch den Genuss von Auszugsmehlprodukten mangelt es dem Körper ständig an Vitamin B1, was zwangsläufig zu Stoffwechselstörungen führt. Als Hauptlieferant von Vitamin B1 spielt deshalb der Keim eine große Rolle. Kein anderes Lebensmittel enthält auf so kleinem Raum so viel Vitamin B1 wie der Getreidekeim. Ohne Vollgetreide gelingt es kaum, den Bedarf an diesem Vitamin ausreichend zu decken.
Der **Mehlkörper**, aus dem schließlich das Auszugsmehl und somit auch viele Nahrungsmittel wie Brot, Nudeln und Gebäck hergestellt werden, besteht hauptsächlich aus Stärke und Kleber, Vitalstoffe enthält er hingegen kaum.
Die **Aleuronschicht** ist besonders eiweiß- und fettreich. Außerdem enthält sie Vitamine, Mineral- und Faserstoffe.
Die **Randschichten** enthalten Eiweiß, Vitamine und Mineralstoffe. Hauptanteil in den Randschichten sind die Faserstoffe, welche insbesondere für die Darmperistaltik und die Verdauung wichtig sind.

Querschnitt des Getreidekorns

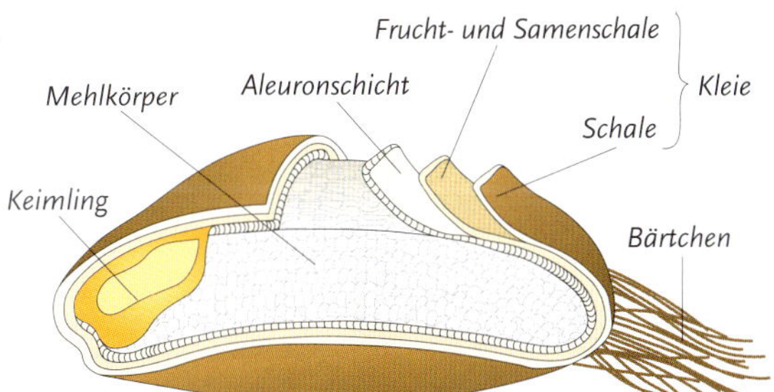

Der Grad für die Qualität eines Getreidekorns ist die Keimfähigkeit. Das Getreide muss zu 95–98 Prozent keimfähig sein, um von einem vollwertigen Getreide sprechen zu können.

Bis vor etwa 150 Jahren verzehrten die Menschen das Getreide in seiner Gesamtheit, also auch Randschichten und Keim. Durch die Zunahme der Bevölkerung kam es zu ernsten Versorgungsproblemen, und man versuchte, ein Mehl zu gewinnen, das lange haltbar war. Die Technisierung machte es möglich, den fetthaltigen Keim und die Randschichten vor dem Mahlprozess zu entfernen.
Der isolierte Stärkekern wurde zu Mehl vermahlen, das dadurch unbegrenzt lagerungsfähig war. Dieses Mehl, auch als Auszugsmehl bezeichnet, enthält kaum noch Vitalstoffe. Aus qualitativer Sicht gehört das Auszugsmehl daher zu den minderwertigen Nahrungsmitteln.

Der Verzehr von vollem Getreide ist in der vitalstoffreichen Vollwertkost ein wesentlicher Faktor und kann Zivilisationskrankheiten verhüten bzw. deren Fortschreiten verlangsamen.

Besonders die Verwendung von rohem Getreide (geschrotet und eingeweicht als Frischkornbrei oder gekeimt) spielt eine außerordentlich wichtige Funktion. Durch den täglichen Verzehr von Frischkorn ist die Versorgung mit den Vitaminen des B-Komplexes garantiert, zudem wird der Organismus mit vielen anderen Vitalstoffen versorgt, welche im rohen Getreide enthalten sind.

Verluste durch das Ausmahlen

Aus der folgenden Tabelle ist abzulesen, wie gering die Werte eines Auszugsmehles gegenüber dem ganzen Getreidekorn sind und welche Verluste durch das Ausmahlen entstehen.

WIRKSTOFFE	VOLLKORN-MEHL 1 KG	AUSZUGS-MEHL 1 KG	VERLUST
Eisen	44 mg	7 mg	84 %
Kupfer	6 mg	1,5 mg	75 %
Magnesium	250 mg	120 mg	52 %
Mangan	70 mg	20 mg	71 %
Kalium	4730 mg	1150 mg	76 %
Calcium	120 mg	60 mg	50 %
Vitamin B1	5,1 mg	0,7 mg	86 %
Vitamin B2	1,3 mg	0,4 mg	69 %
Vitamin B6	4,4 mg	2,2 mg	50 %
Niacin	57 mg	7,7 mg	86 %
Pantothens.	50 mg	23 mg	54 %
Provit. A	3,3 mg	0 mg	100 %
Vitamin E	24 mg	0 mg	100 %

Das Getreide kann man in Brei- und Brotgetreide einteilen. Brotgetreide enthält Klebereiweiß, das für die Backfähigkeit entscheidend ist. Breigetreide wird in verschiedensten Variationen gekocht und kann nur zu Fladen verbacken werden, da es kein Klebereiweiß enthält.
Zu den Breigetreiden gehören Gerste, Hafer, Hirse, Reis, Mais und Buchweizen, zu den Brotgetreiden Roggen, Weizen, Dinkel, Hartweizen, Kamut, Emmer, Einkorn und Triticale.
Weiters kann man Getreide auch in Spelz- und Nacktgetreide einteilen. Beim Spelzgetreide sind die Samen von fest anliegenden, teils angewachsenen Hüllspelzen umgeben. Diese Spelzen müssen in einem entsprechenden Entspelzungsverfahren entfernt werden. Je nach Getreidesorte können durch dieses Verfahren die Körner beschädigt werden und sind daher laut Vollkorndefinition nicht mehr als vollwertig zu bezeichnen. Dies trifft bei Gerste und Hafer zu. Weiters zählen Einkorn, Emmer, Dinkel, Hirse und Reis zum Spelzgetreide. Bei den Nacktgetreiden Weizen, Hartweizen, Kamut, Roggen, Triticale, Nackthafer und Nacktgerste fallen die Körner nach dem Dreschen ohne Hüllspelzen aus den Ähren oder Rispen heraus und sind schon speisefähig.

Getreidesorten

Weizen
Weizen gehört zu den ältesten Getreidearten. Weizen ist eigentlich ein Sammelbegriff für sechs verschiedene Triticum-Arten. Wenn wir von Weizen sprechen, so meint man eigentlich immer den Weichweizen.
Weizen ist das bedeutendste Brotgetreide und hat durch seinen hohen Klebergehalt gute Backeigenschaften.
Im Stärkekern befinden sich bei Weizenkörnern die Mehleiweiße. Werden diese feucht, entwickeln sie eine klebrige Eigenschaft und heißen daher Klebereiweiße. Ihre Menge und Beschaffenheit im Mehl entscheiden über die qualitative Einstufung von Backweizen aus backtechnischer Sicht: sehr guter, guter, nicht mehr guter Backweizen. Die Klebereiweiße sind also verantwortlich für die Teigelastizität, Teigstabilität, sie halten das Teigvolumen und ermöglichen eine gute Krumenbildung im Gebäck.
Back- oder Weichweizen wurde in den vergangenen Jahrzehnten stark züchterisch bearbeitet. Immer neue Sorten, ertragreich und resistent gegen bestimmte Pflanzenkrankheiten, sind das Ziel.
Wir unterscheiden Winter- und Sommerweizenarten. Wintersorten sind widerstandsfähiger und ertragreicher.
Der Weichweizen ist ein Nacktgetreide, das heißt, nach dem Dreschen fallen die Samenkörner ohne Hüllspelzen speisefähig heraus.
Aus Weichweizen können nach Abtrennen der Randschichten (Kleie) und der Keimanlage Auszugsmehle hergestellt werden. Diese hellen, feinen Weizenmehle ermöglichen Feingebäcke jeder Art und schwindeln uns optische Qualität vor.
Verwendung
Weizen wird in erster Linie als Mehl zur Herstellung von Brot verwendet. In der Vollkornküche kann Weizen aber sehr vielfältig eingesetzt werden: als ganzes Korn gekeimt, zu Flocken gepresst oder gekocht als Beilage und Salat. Geschrotet und eingeweicht wird Weizen auch für den Frischkornbrei verwendet. Als Vollkornmehl oder Schrot vermahlen kann Weizen zudem für Suppen, Knödel, Aufläufe, Saucen, salziges und süßes Gebäck verwendet werden.

Weizen
Hartweizen
Kamut
Hafer
Roggen
Dinkel

Dinkel
Dinkel gilt als der nächste Verwandte des Weichweizens. Beim Dinkel gibt es im Vergleich zum Weichweizen relativ wenige Neuzüchtungen. Auch im Wachstum ist er anspruchslos und widerstandsfähig, das heißt, es kommt auch nicht zu höheren Erträgen, wenn dem Boden zum Beispiel Mineralsalze zugesetzt werden.
Dinkel ist ein Spelzgetreide. Die Samenkörner sind von den Hüllspelzen umgeben und müssen erst entspelzt werden. Das gewonnene nackte Korn hat aber seine volle Keimfähigkeit behalten.
Da Dinkel reichlich Klebereiweiß enthält, hat er gute Backeigenschaften. Die Körner ergeben ein sehr feines, weiches Mahlgut.
Verwendung
Dinkel ist ein ausgezeichnetes Brotgetreide. Dinkel, als ganzes Korn gekocht, geschrotet oder fein gemahlen, kann für verschiedenste Speisen – pikant und süß – eingesetzt werden: zu Salaten, Laibchen, Suppen, Nudeln, Brot, Kuchen und Gebäck sowie für den Frischkornbrei und zu Flocken gequetscht.

Grünkern
Grünkern entsteht, wenn Dinkelkörner im milchreifen Zustand (= etwa 3–4 Wochen vor der Vollreife) geerntet werden. Diese Körner sind noch weich und nicht ausgereift. Anschließend müssen die Körner bei Trockenluft, die über einem Buchenholzfeuer angesaugt wird, getrocknet bzw. gedarrt werden. Dies ergibt den typischen Geschmack.
Grünkern ist kein ausgereiftes, keimfähiges Getreide; er ist auch nicht mehr backfähig.
Verwendung
Durch seinen würzigen Geschmack kann Grünkern hervorragend für die Zubereitung von Suppen, Saucen, Knödeln, Bratlingen, Salaten und Brotaufstrichen verwendet werden.

Hartweizen
Hartweizen ist ein Abkömmling der Urweizenform Emmer.
Hartweizenkörner haben eine harte, glasig schimmernde Schale und weisen einen besonders hohen Eiweißgehalt auf. Durch die besondere Beschaffenheit und Qualität des Klebereiweißes hat Hartweizen eine starke Teigbindung. So können bei guter Qualität und ausreichender Klebereiweißmenge zum Beispiel Nudeln ohne Eier hergestellt werden.
Das Mahlgut von Hartweizen ist grießig und hellgelb.
Verwendung
Hartweizen kann vor allem für Nudelgerichte, Knödel, süße und salzige Grießspeisen verwendet werden. Zu sehr feinem Grieß vermahlen, kann Hartweizen auch unter den Brotteig gemischt werden (nicht mehr als 10 Prozent). Die Teigbindung, das Teigvolumen, die Gärung und die Qualität des Gebäckes können dadurch verbessert werden.

Kamut
Kamut ist wie der Hartweizen ein Abkömmling des Emmers und stammt aus der Getreidehochkultur der Ägypter. Die großen, schlanken, glasig gelben Körner sind im Aussehen dem Hartweizen ähnlich. Kamut hat ausgezeichnete Klebereigenschaften und weist einen beachtlichen Nähr- und Vitalstoffgehalt auf. Der Eiweißgehalt kann bis zu 20 Prozent betragen.
Verwendung
Kamut ist ein echter Grießweizen und als solcher auch vielseitig einsetzbar. Zu Nudelgerichten, süßen oder salzigen Grießspeisen verarbeitet, aber auch geschrotet, geflockt und gekeimt, ergibt Kamut schmackhafte Speisen.

Roggen
Roggen ist ein typisches Brotgetreide, das bis vor etwa 100 Jahren an der Spitze unserer heimischen Getreidesorten stand.
Roggen enthält weniger Klebereiweiß als Weizen; die Schleimstoffe im Roggen verhindern beim Aufquellen die Kleberausbildung. Deshalb sind beim Backen mit Roggenmehl andere Bedingungen als beim Weizen zu beachten. Um Roggen backfähig zu machen, benötigt er mehr Wasser, mehr Wärme, mehr Zeit. Roggenteige nehmen im Vergleich zu Weizenteigen auch mehr Wasser auf, daher sind die Brote saftiger und bleiben länger frisch.
Verwendung
Roggen wird vor allem zum Brotbacken, insbesondere zur Herstellung von Sauerteigbroten verwendet.
Auch als Flocke gequetscht oder gekeimt kann Roggen verwendet werden. Weiters lassen sich aus Roggen Eintopfgerichte, Aufläufe, Laibchen und Suppen zubereiten.

Gerste
Die Gerste ist eine der ältesten Kulturpflanzen. Bei der Gerste unterscheidet man zwischen Nacktgerste und Spelzgerste. Bei der Spelzgerste müssen

Vollkornreis
Grünkern
Gerste
Hirse
Buchweizen
Mais

nach dem Ernten die Spelzen abgetrennt werden; dabei wird das Korn oft beschädigt und die Körner sind nicht mehr keimfähig. Die Spelzgerste wird hauptsächlich als Futtergetreide, als Braugerste und für Backbetriebe (als Malzbackmittel) verwendet. In der Vollkornküche wird vorzugsweise die Nacktgerste (auch als Sprießkorngerste im Handel) verwendet, da nur diese Gerste als vollwertig bezeichnet werden kann. Wie beim Weizen und Roggen fallen die Körner der Nacktgerste nach dem Dreschen aus den Spelzen; Dadurch ist sie speise- und auch keimfähig.

Verwendung

Gerste kann als ganzes Korn gekocht für Suppen, Aufläufe und Eintopfgerichte oder gekeimt verwendet werden. Geschrotet verwendet man Gerste für den Frischkornbrei, für Bratlinge, Suppen und Knödel. Gerstenvollkornmehl kann auch in geringen Mengen bei Brotteigen zugesetzt werden.

Hafer

Hafer gehört zu den Breigetreiden; er enthält nur Spuren von Klebereiweiß und ist somit allein nicht backfähig. Beim Hafer gibt es den Spelz- und den Nackthafer. Als Speisegetreide wird überwiegend Spelzhafer angebaut. Die fest anliegenden Hüllspelzen müssen nach einer Hitzebehandlung in der Mühle abgetrennt werden. Die Haferkerne sind nicht mehr keimfähig. Deshalb wird in der Vollwertküche vorzugsweise Nackthafer (auch Sprießkornhafer genannt) verwendet. Die Samen des Nackthafers fallen nach dem Dreschen leicht aus den Hüllspelzen heraus; die Keimfähigkeit ist somit gewährleistet.

Hafer gilt als das nähr- und vitalstoffreichste Getreide. Der Fettgehalt von 7 bis 8 Prozent ist der höchste aller Getreide. Auch der Eiweißgehalt ist mit durchschnittlich 12 Prozent sehr hoch.

Verwendung

In kleinen Mengen kann Hafer unter Brotteige gemischt werden.

Als ganzes Korn gekocht, gekeimt, als Flocke gequetscht oder geschrotet für Suppen, Saucen, Knödel, Bratlinge lässt sich Hafer vielseitig einsetzen.

Hirse

Als Breigetreide gehört Hirse zu den ältesten Kulturpflanzen.

Der Nähr- und Vitalstoffgehalt von Hirse ist beachtlich. Der Eiweißgehalt von 10 bis 12 Prozent ist hervorzuheben, ebenso der Gehalt an Mineralstoffen.

Man unterscheidet verschiedene Hirsesorten:

Rispenhirse, auch Goldhirse genannt: Diese Hirseart gilt in Europa als Speisehirse schlechthin und ist in Naturkostläden in unterschiedlichen Korngrößen erhältlich.

Borstenhirse, auch Kolbenhirse genannt: Diese Hirseart enthält Klebereiweiß und ist somit auch backfähig.

Perlhirse: Sie ist bis heute ein wichtiges Speisegetreide in trockenen Zonen Afrikas und Asiens. Sie wird dort hauptsächlich als Mehl vermahlen für Fladenbrote und Breie verwendet. In Amerika wird sie hauptsächlich als Futtermittel verwendet.

Teff-Hirse: Sie ist in Äthiopien das wichtigste Getreide für Mensch und Tier. Teff-Hirse ist backfähig, wird bei uns im Handel jedoch nicht angeboten.

Sorghum-Hirse, auch Mohrenhirse genannt: Sie dient als Nahrungspflanze hauptsächlich noch in Afrika, im Nahen Osten und in China.

Braunhirse ist eine Urform der Rispenhirse: Ihre Samen sind braun, ebenso das Mahlgut. Die Samen dieser Hirseart müssen nicht geschält werden, das heißt, die Schalen sind verzehrbar und können mit dem Korn vermahlen werden. Braunhirse ist backfähig, enthält aber kein Klebereiweiß. Somit lassen sich lockeres Gebäck, aber auch Bratlinge herstellen. Im Naturkosthandel ist Braunhirse erhältlich.

Verwendung

Hirse kann sehr vielseitig eingesetzt werden.

Als ganzes Korn gekocht, können schmackhafte süße und salzige Speisen mit Gemüse oder Obst gemischt zubereitet werden. Geschrotet oder vermahlen kann Hirse für Suppen, Saucen und Gebäck verwendet werden. In kleinen Mengen kann sie auch unter den Brotteig gemischt werden.

Speisehirse ist ein geschältes Getreide. Beim Abtrennen der Hüllspelzen kann die Keimanlage beschädigt werden, Keimöl tritt aus und oxidiert mit dem Luftsauerstoff. Die Hirsekörner und besonders das daraus gemahlene Mehl können bitter schmecken. Deshalb empfiehlt es sich, Hirse nicht in großen Mengen zu kaufen und so bald als möglich zu verwenden.

Mais
Mais hat sich als einziges Kulturgetreide in Amerika entwickelt. Man unterscheidet verschiedene Maisarten, welche sich in der Kornstruktur, Kornform und bezüglich der Inhaltsstoffe und Verwendung leicht unterscheiden. So findet man den Hartmais, Zahnmais, Stärkemais, Puffmais und Zuckermais.
Mais dient überwiegend als Rohstoff für die Nahrungsmittel-, Kosmetik- und Futtermittelindustrie. In der Nahrungsmittelindustrie begegnet uns Mais vor allem in Maisstärke, Maismehl, Maisgrieß, Maisflocken, Cornflakes, Glucosesirup und Maiskeimöl. Mais enthält kein Klebereiweiß und ist deshalb nicht backfähig.
Verwendung
Es ist vorteilhaft, ganze Maiskörner zu kaufen und sie mit einer Getreidemühle frisch zu vermahlen. Aus dem Maismehl lassen sich pikante und süße Gerichte herstellen; Polenta, Aufläufe, Pfannengerichte und Knödel können in verschiedensten Variationen zubereitet werden. Aus Puffmais kann schnell und einfach Popcorn hergestellt werden.

Reis
Reis gehört neben Weizen zu den wichtigsten Getreidearten. Reis ist für viele asiatische Völker das Hauptnahrungsmittel. Neben Mais und Weizen steht er an der Spitze der Weltgetreideproduktion. Die Reissamen sind wie beim Hafer und der Gerste von Hüllspelzen umgeben. Diese müssen schonend entfernt werden, damit das Korn nicht beschädigt wird. Solcher Reis ist als Vollkornreis im Handel erhältlich. Bei weißem Reis hingegen werden die Schalen, das Silberhäutchen und der Keim abgeschliffen.
Beim Reis unterscheidet man weiters noch zwischen Langkornreis mit seinen langen, harten und glasigen Körnern, der beim Kochen locker-körnig bleibt, und dem Rundkornreis, der beim Kochen weich und sämig wird.
Im Handel sind verschiedenste Reissorten mit den unterschiedlichsten Eigenschaften erhältlich: Arborio-Reis, Basmati-Reis, Jasmin-Reis, Süßer Reis, Roter Reis, Wildreis.
Verwendung
Reis wird hauptsächlich als ganzes Korn gekocht und als Beilage, für Füllungen, Salate, Aufläufe und Süßspeisen verwendet. Auch zu feinem Mehl vermahlen kann Reis für die Zubereitung von Suppen, Saucen und Béchamel eingesetzt werden.

Buchweizen
Buchweizen ist keine Getreidepflanze, sondern gehört zur Familie der Knöterichgewächse. Wegen seiner stärkehaltigen Samen wurde Buchweizen schon immer wie Getreide benutzt. Die dreikantigen Früchte müssen in speziellen Mühlen geschält werden. Durch das Abtrennen der schwarzen, ungenießbaren Schale kann das Samenkorn beschädigt werden. Deshalb sollte Buchweizen nicht zu lange gelagert werden.
Verwendung
Buchweizen kann als ganzes Korn gekocht, zu Schrot oder Mehl vermahlen für Suppen, Aufläufen, Knödel, Pfannengerichte und Kuchen verwendet werden. Im Rahmen der vitalstoffreichen Vollwertkost kann Buchweizen frisch gemahlen eine gute Ergänzung zu den heimischen Getreidearten sein. Seine helle Farbe und gute Bindekraft können wir in der Küche gut nutzen, wenn es darum geht, süße Speisen und Gebäcke ohne Eier und Quark herzustellen.

Emmer ist ebenfalls ein alte Weizenart. Die Körner sind hart und das Mahlgut eher grießig. Daher eignet er sich für Speisen, bei denen eine gute Teigbindung erwünscht ist, also Nudeln, Knödel, Grießspeisen und Mürbteige.

Einkorn ist eine uralte Weizenart, die reichlich Klebereiweiß enthält und sich daher sehr gut verbacken lässt.

Triticale ist eine neue Getreidezüchtung, die aus einer Kreuzung von Weizen und Roggen entstanden ist.

Praktische Tipps
Das Mehl sollte immer frisch gemahlen sein, da nur im frischen Mehl alle Vitalstoffe enthalten sind. Wenn Sie keine Getreidemühle besitzen, lassen Sie sich das Mehl im Naturkostladen mahlen und verwenden Sie es innerhalb von 14 Tagen. Bis dahin muss es kühl und verschlossen aufbewahrt werden.

Schrot ist grob gemahlenes Getreide. Aus Schrot können Suppen, Aufläufe, Laibchen, Bratlinge, Knödel, Frischkornspeisen zubereitet werden.

Wenn das **Vollkornmehl** zum Backen von Brot, Kuchen und Gebäck verwendet wird, sollte es immer fein gemahlen werden, da die Speisen dadurch luftig und locker werden.

Aufbewahrung

Getreide sollte luftig und trocken aufbewahrt werden. Geeignet sind Holzkisten, Leinenbeutel oder für kleine Mengen auch Gläser. Wichtig ist, dass das Getreide regelmäßig bewegt wird. Die ideale Lagertemperatur beträgt 12–16 Grad.

Getreideflocken werden durch Quetschen oder Walzen von Getreide gewonnen. Dadurch wird das Korn „geöffnet", und der Vitalstoffverlust setzt ein. Um die Flocken für den Handel haltbar zu machen, müssen sie einer Hitzebehandlung unterzogen werden. Die Wärme zerstört die fettspaltenden Enzyme sowie einige Vitamine und Mineralstoffe.
Fertige, abgepackte Flocken gehören nicht zu einer vollwertigen Ernährung. Sie ersetzen in keinem Fall den Frischkornbrei.
Mit einer Getreidequetsche können Sie Flocken im Nu selbst zubereiten. Harte Getreidesorten wie Weizen, Roggen, Dinkel, Gerste sollten vorher kurz eingeweicht werden, das macht die harte Schale elastischer. Die Körner werden dazu etwa 30 Minuten eingeweicht, dann gut abgeseiht und 12 bis 24 Stunden stehen gelassen. Die äußere Fruchtschale wird dadurch weicher, und das Getreide lässt sich gut flocken. Hafer braucht nicht eingeweicht werden, er kann sofort durch die Flockenquetsche gepresst werden. Hafer lässt sich aber auch durch die Getreidemühle schroten. Er sollte generell nach dem Quetschen, Schroten oder Mahlen verwendet werden, da er in Verbindung mit dem Luftsauerstoff leicht bitter werden kann.

Getreidemühle

Für eine richtige und konsequente Umsetzung der Vollwertkost ist die Anschaffung einer Getreidemühle unerlässlich, zumal es von großer Bedeutung ist, dass Sie das Getreide frisch gemahlen verzehren. Achten Sie beim Kauf darauf, dass die Mühle für Ihren Haushalt groß genug ist, das heißt, ob sie eine bestimmte Menge Getreide in kurzer Zeit mahlen kann.
Ob eine Mühle mit Stahlwerk oder mit Mahlsteinen ausgestattet ist, spielt keine wesentliche Rolle.

Was Sie sonst noch wissen sollten!

Fabrikzuckerarten

Grundsätzlich muss man unterscheiden zwischen Zucker, der in natürlichen Lebensmitteln vorkommt (z.B. in Obst), und allen Zuckerarten, die durch technische Verarbeitung gewonnen werden. Letztere fasst man als Fabrikzucker zusammen. Unter Fabrikzucker versteht man alle Zuckerarten, die aus zuckerhaltigen Lebensmitteln durch Raffinations- und Konzentrationsprozesse künstlich hergestellt werden und reine isolierte Konzentrate sind, denen Wirk- und Vitalstoffe fehlen. Zu den Fabrikzuckerarten zählt man den gewöhnlichen weißen Haushaltszucker, braunen Zucker, Traubenzucker, Fruchtzucker, Malzzucker, Milchzucker, Vollrohrzucker, Rübensirup, Ahornsirup, Apfeldicksaft, Birnendicksaft, Melasse, Agavendicksaft und viele andere mehr.
Fabrikzucker schädigt auf mehrfache Weise den Organismus und wird deshalb in der vitalstoffreichen Vollwertkost gemieden.
In der Praxis hat sich außerdem gezeigt, dass mit Fabrikzucker gesüßte Speisen, welche mit Vollkornprodukten und Frischkost verabreicht werden, verschiedene Beschwerden (Bauchschmerzen, Unpässlichkeiten, Völlegefühl, Blähungen, Aufstoßen) hervorrufen. Vollkornprodukte und Frischkost werden gut vertragen, nur in Kombination mit zuckergesüßten Speisen kann es zu Beschwerden kommen. Eine Umstellung auf vitalstoffreiche Vollwertkost muss also mit der Reduzierung des Fabrikzuckers beginnen. Erst wenn Fabrikzucker konsequent gemieden wird, kann mit vitalstoffreicher Vollwertkost begonnen werden, und es entstehen auch keinerlei Unverträglichkeiten.
Außer den Fabrikzuckerarten können auch andere Nahrungs- bzw. Genussmittel eine Vollwertkost unverträglich machen: gekochtes und eingemachtes Obst, Säfte aus Obst und Gemüse, getrocknetes Obst, Konserven, Präparate und Fertignahrung, Bohnenkaffee, Getreidekaffee, Schwarztee, Nikotin und bei ganz Empfindlichen auch der Honig.

Süßen von Speisen und Getränken

In der Vollwertkost wird ausschließlich mit Honig gesüßt. Dieser wird jedoch auch nur in Maßen verwendet, denn viele Gerichte muss man gar nicht süßen.

Grundsätzlich ist es wichtig, dass man von der allzu süßen Geschmacksrichtung Abstand nimmt und wieder das natürlich süße Eigenaroma von Frischkost (besonders Obst) schätzen lernt.
Süßspeisen sollten zudem nicht täglich auf dem Speiseplan stehen. Durch die Umstellung auf eine vitalstoffreiche Vollwertkost mit genügend Frischkost geht das Verlangen nach zuckersüßen Nahrungsmitteln meist von alleine zurück.
Honig enthält im Gegensatz zu Fabrikzucker zahlreiche Vitalstoffe. Durch das Erhitzen (bei Kuchen, Gebäck, Süßspeisen) werden die Enzyme inaktiviert und manche Vitalstoffe in ihrer Wirkung abgeschwächt, doch viele wertvolle Stoffe wie Mineralstoffe, Spurenelemente, Aromastoffe bleiben erhalten.
Verwenden Sie Honig in unerhitzter Form, sofern es möglich ist.
Wegen des neutralen Geschmacks ist Akazienhonig (oder auch Kleehonig, Orangenblütenhonig) ideal zum Süßen. Die Speise hat keinen Honiggeschmack, was ja nicht immer erwünscht ist. Verwenden Sie Honig sparsam und fügen ihn, wenn möglich, auch erst nach dem Kochen zu.

Salz

Verwenden Sie unjodiertes, unbehandeltes Salz, das noch eine Reihe von natürlichen Mineralstoffen und Spurenelementen enthält.
Der Farbton eines unbehandelten Salzes ist nicht rein weiß, da es nicht gebleicht ist; der Geschmack ist reichhaltiger als beim reinen üblichen Kochsalz (Natriumchlorid). Meist wird im Naturkosthandel Meersalz angeboten.
Verwenden Sie Salz maßvoll, verwenden Sie auch Kräutersalz und setzen Sie vor allem Kräuter zum Würzen ein.

Suppenwürze

In der Vollwertküche verwendet man eine vegetarische Suppenwürze, die man ganz einfach auch selber zubereiten kann (siehe Rezept auf Seite 60).
In konventionellen Suppenwürzen (auch in Gemüsebrühen) wird meist der künstliche Geschmacksverstärker Glutamat verwendet. Dieser ist stark umstritten, und Kritiker machen ihn für das China-Restaurant-Syndrom verantwortlich, das bei sensiblen Personen Kribbeln im Hals, Kopfschmerz, Herzklopfen, Schwindel und Muskelkrämpfe auslösen kann.
Wenn Sie also Gemüsebrühewürfel oder Suppenwürze in Pulverform verwenden, achten Sie zumindest darauf, dass sie keine Geschmacksverstärker enthalten. Bei biologischen Produkten sind es meist Meersalz und Hefeextrakt, die den Suppenwürzen ihren Geschmack geben. Weiters werden auch Gemüse, Gewürze und Kräuter zur Geschmacksverbesserung zugesetzt. Biologischen Suppenwürzen darf kein künstliches Glutamat zugesetzt werden.

Essig

Durch einen Umwandlungsprozess entsteht aus Alkohol Essigsäure. Konventioneller Essig wird mit synthetischer Essigsäure hergestellt. Ihm fehlen die gesunden und geschmackvollen Begleitstoffe eines qualitativ guten Essigs. Verwenden Sie echten Apfel- oder Weinessig.

Naturvanille

In der Kapselfrucht einer Orchideenart befindet sich das Mark, das den Aromastoff Vanille enthält. Im Handel ist Naturvanille als Vanilleschote oder in getrockneter Form in kleinen Gläschen erhältlich. Naturvanille ist intensiv im Geschmack, deshalb wird sie den Speisen nur in kleinen Mengen zugesetzt.

Backpulver

Konventionelles Backpulver enthält Phosphat. Verwenden Sie phosphatfreies Backpulver, das in den Naturkostläden in mehreren Varianten erhältlich ist.

Getränke

Echte Getränke sind nur Wasser und unarzneiliche Tees (Tees aus Früchten).
Obstsäfte und Gemüsesäfte (auch frisch gepresst) sowie Milch sind keine echten Getränke, sondern Nahrungsmittel, die oft noch mehr Durst erzeugen.

Tee (schwarzer oder grüner) und Kaffee

Bohnenkaffee und Tee gehören zu den Genussmitteln und sollten auch als solche gehandhabt werden. Wenn jemand daher zu einem besonderen Anlass Tee oder Kaffee trinkt, ist nichts einzuwenden, täglich genossen stellen beide Getränke aber große Störfaktoren dar. Sie sind durch ihre gefäßaktive Wirkung Ursache vieler Kreislaufstörungen. Bohnenkaffee kann Leber-Galle-Magen-Darmbeschwerden verursachen.

Eine Alternative stellt Getreidekaffee dar, der kein Koffein enthält. Er wird vorwiegend aus Gerste (Malzkaffee), aber auch aus einer Mischung von anderen Getreidearten hergestellt.

Biologische Produkte

Verwenden Sie nach Möglichkeit biologische Produkte. Viele objektive Untersuchungen konnten nachweisen, dass Lebensmittel aus Bioanbau in vielerlei Hinsicht besser abschneiden als konventionell erzeugte Produkte.
Bio-Obst und Bio-Gemüse enthalten mehr Vitamine, mehr Mineralstoffe, weniger Schwermetalle, weniger Nitrat sowie geringere Pestizidrückstände. Zudem weisen sie einen höheren Gehalt an biologischen Wirkstoffen, eine höhere Trockenmasse und eine bessere Haltbarkeit auf.
Bio-Getreide hat einen höheren Gehalt an essenziellen Aminosäuren, geringere Pestizid- und Schwermetallrückstände.
Tierische Bio-Produkte haben eine günstigere Fettsäurezusammensetzung, geringere Pestizid- und Antibiotikarückstände; sie sind gentechnikfrei und haben eine ernährungsphysiologisch höhere Qualität.
Bio-Produkte tragen vom ernährungsphysiologischen Standpunkt aus gesehen in starkem Maße zum Wohle Ihrer Gesundheit bei. Zudem unterstützen Sie so den biologischen Landbau und damit auch einen artgerechten und nachhaltig wirkenden Umgang mit unserer Natur.
Es gibt eine Reihe anerkannter und kontrollierter Bioverbände (Biobauern), welche ihre Produkte ab Hof verkaufen oder auf Bauernmärkten vertreten sind. Achten Sie auf die Zertifizierung!

Tiefkühlkost

Tiefkühlkost (vor allem Obst und Gemüse) ist in jedem Fall der gekochten und präparierten Kost (Konserven) vorzuziehen. Durch eine lange Lagerung gehen jedoch Vitalstoffe verloren.
Handeln Sie immer nach dem Prinzip „So frisch und natürlich wie möglich" und verwenden Sie Tiefkühlkost nur als Reserve.

Kochzeittabelle für Vollkorngetreide

GETREIDEART	EINWEICHZEIT	WASSERMENGE (GETREIDE : WASSER)	KOCHZEIT		QUELLZEIT
Nacktgetreide: Weizen, Roggen, Nacktgerste, Nackthafer, Kamut	kann eingeweicht werden, muss aber nicht	1:3	50–60 Minuten, zugedeckt bei kleiner Flamme	*Von der Wärmequelle wegnehmen und zugedeckt quellen lassen*	2–3 Stunden, dann erst salzen und würzen
Entspelztes Getreide: Hafer, Reis, Gerste, Dinkel, Grünkern	keine	1:2	30 Minuten, kurz vor Ende der Kochzeit salzen		etwa 10 Minuten zugedeckt
Geschältes Getreide: Hirse, Buchweizen	keine	Buchweizen 1:2 Hirse 1:2,5 sofort salzen	10 Minuten bei kleiner Flamme		etwa 10 Minuten zugedeckt
Geschrotetes Getreide: alle Sorten	keine	vom jeweiligen Gericht abhängig; ins kochende Wasser einrühren, sofort salzen	1 Minute unter ständigem Rühren aufkochen lassen		etwa 10–20 Minuten zugedeckt
Polentamais (fein oder grob gemahlen)	keine	1:4,5 ins kochende Wasser einrühren, sofort salzen	1 Minute unter ständigem Rühren aufkochen lassen		etwa 40 Minuten zugedeckt

Allgemeines zum Brotbacken

1. Mehl und Schrot

Zum Brotbacken eignet sich hauptsächlich Mehl aus Weizen, Roggen und Dinkel. Sie enthalten Klebereiweiß, das für den Backprozess wichtig ist. Für die Lockerheit eines Brotes ist die Qualität des Mehlkörpers, also der Stärkekern des Getreidekorns, ausschlaggebend.
Roggen braucht bei der Teigzubereitung längere Zeit als der Weizen, da er weniger Klebereiweiß besitzt; er wird zur Sauerteigherstellung eingesetzt. Roggenbrote bleiben länger frisch als Weizenbrote.

In kleineren Mengen kann auch Gerste, Hafer, Hirse, Kamut, Hartweizen, Mais, Reis und Buchweizen verwendet werden.
Alle Vollkornmehle sollten stets frisch gemahlen sein, da das Mehl durch die Lagerung wichtige Inhaltsstoffe verliert.
Zum Brotbacken muss das Mehl nicht ganz fein vermahlen sein. Die Brote werden jedoch mit feinem Mehl besonders luftig und locker.
Schrot kann dem fein gemahlenen Mehl zugefügt werden.
Auch ganze, eingeweichte Getreidekörner können dem Brotteig beigefügt werden.
Verwenden Sie Getreide aus biologischem Anbau!

2. Flüssigkeit

Zur Herstellung des Brotteiges nimmt man grundsätzlich Wasser. Daneben kann man auch Milch, Buttermilch, Sauermilch, Molke, Joghurt, Sahne oder Sauerrahm verwenden.
Alle Flüssigkeiten sollten in lauwarmer Form zugefügt werden, um das Aufgehen des Teiges zu beschleunigen. Bei der Verwendung von Hefe darf die Flüssigkeit nicht über 50 Grad warm sein, da sonst die Hefebakterien absterben.

3. Teiglockerungsmittel

Hefe

Hefe besteht aus Mikroorganismen. Von den Reinzuchthefen Bierhefe, Weinhefe und Backhefe ist Letztere die bekannteste.
Backhefe wird als Triebmittel für die Herstellung von Teigen verwendet. Biobackhefe wird auf Weizen bzw. Weizenkeimen mit Hilfe von Bierhefe gezüchtet und mit Sonnenblumenöl entschäumt. Chemische und synthetische Zusatzstoffe kommen nicht hinein, gentechnisch veränderte Organismen sind verboten. Biobackhefe kann für alle Gebäckarten wie konventionelle Hefe eingesetzt werden.

Konventionelle Hefe wird auf Zuckerrohrmelasse mit Hilfe von Ammoniak, Phosphaten, Schwefelsäure und anderen Stoffen gezüchtet und dann mit synthetischen Ölen entschäumt. Antibiotikas werden zur „Gesunderhaltung" der Hefebakterien zugesetzt.

Hefe ist aber auch in Form eines Hefeextraktes im Handel erhältlich. Es wird als Geschmacksverstärker eingesetzt.
Hefeflocken werden heute meist aus Melasse und Molke gewonnen und als besonders vitaminreich gepriesen. Bei einer vollwertigen Ernährung sind sie jedoch überflüssig.

Backhefe gibt es als Presshefe (in Würfelform) oder als Trockenhefe (lange haltbar).
Die Hefe eignet sich für die Verarbeitung von Weizen und Dinkel, aber auch für Mehlmischungen, die Weizen und Dinkel enthalten. Beim Brotbacken mit Hefe braucht es keine besondere Backerfahrung.
Die Hefe wird in der lauwarmen Flüssigkeit aufgelöst und dann zum Mehl gegossen. Ein Dampfl ist nicht notwendig, kann aber gemacht werden. Für 500 g Mehl benötigt man etwa 25 g Hefe. Hefebrote haben einen milden Geschmack.

Sauerteig

Sauerteig ist das älteste Backtriebmittel. Bis zur Einführung der Bäckerhefe war Sauerteig das einzige Lockerungs- und Säuerungsmittel für Brotteige aus Weizen und Roggen.
Die Sauerteigbereitung benötigt einige Erfahrung und vor allem mehr Zeit. Für die Zubereitung eines Sauerteigbrotes benötigt man eine so genannte Starterkultur, die man selber herstellen kann (siehe Rezept Vischgerlen auf Seite 137). Weiters benötigen Sauerteige mehr Wärme (30–35 Grad), denn diese begünstigt die Milchsäurebildung im Sauerteig. Diese ist erwünscht, denn so entwickelt sich der angenehme Geschmack von Sauerteigbroten. Festere und kühlere Teige begünstigen die Essigsäurebildung, die nicht erwünscht ist.

Sauerteig wird hauptsächlich mit Roggenmehl zubereitet und kann nach verschiedenen Methoden hergestellt werden. Die Drei- oder auch Mehrstufen-Sauerteigführung ist üblich. Über mehrere Stufen läuft der Versäuerungsprozess ohne Hefe ab. Für den häuslichen Gebrauch ist er jedoch nicht so leicht nachvollziehbar. Daher eignet sich hierbei insbesondere die Sauerteigführung mit etwas Hefezusatz. Die Brote sind einfacher sowie schneller zu backen und werden generell lockerer.

Sauerteig kann auch Teigen aus Weizen und Dinkel zugefügt werden. Sauerteige brauchen zwar eine längere Gehzeit, die Brote werden aber geschmackvoller, lassen sich besser schneiden und krümeln nicht.

4. Salz

Das Mehl wird mit dem Salz vermischt. Auf 500 g Mehl benötigt man 1 Teelöffel Salz.

5. Gewürze

Kümmel, Fenchel, Anis, Koriander und Brotklee sind die wichtigsten Brotgewürze. Sie können als ganze Samen oder gemahlen in den Teig gemischt werden, lediglich Koriander sollte immer gemahlen werden.
Grundsätzlich verwendet man 1–2 Esslöffel Gewürze auf 500 g Mehl.
Auch verschiedene Fettsamen (Sonnenblumenkerne, Leinsamen, Sesam, Kürbiskerne, verschiedene Nüsse) können dem Brotteig zugefügt werden.
Frische Gewürze, Zwiebel und Knoblauch kann man ebenfalls in den Teig mischen.

Tipps und Tricks zum Brotbacken

> Alle Backzutaten sollten lauwarm sein. Das frisch gemahlene Vollkornmehl weist gerade die ideale Temperatur auf.

> Der Teig sollte an einem zugfreien, warmen Ort verarbeitet werden.

> Zum Gehen den Teig immer zudecken und an einen warmen Ort stellen.
> Wenn der Teig längere Zeit (einige Stunden oder über Nacht) gehen soll, dann stellt man ihn an einen kühleren Ort und knetet ihn vor dem Formen nochmals zusammen.

> Sauerteigbrote sind etwas wärmeempfindlicher. Sie müssen zum Gehen immer an einen warmen Ort (mindestens 20 Grad) gestellt werden.

> Hefeteige verdoppeln ihr Volumen (nach etwa 1 Stunde; abhängig von der Umgebungswärme).

> Sauerteige und Teige mit Spezial-Backferment brauchen eine längere Gehzeit und gehen nicht so stark auf. Zum Gehen dieser Teige kann man das Backrohr kurz auf 50 Grad einschalten, dann abschalten und den zugedeckten Teig hineinstellen.

> Die Teige sollten immer gründlich und gut durchgeknetet werden. Mit der Hand bedeutet dies mindestens 10 Minuten. Auch eine Knetmaschine eignet sich hervorragend zum Kneten des Teiges.

> Wenn der Teig nicht so richtig aufgehen will, so knetet man ihn nochmals mit etwas lauwarmem Wasser zusammen und lässt ihn erneut gehen.

> Der Teig kann auch mehrmals während des Gehens zusammengeknetet werden; dadurch verfeinert sich seine Struktur und die Brotkrume wird stabiler. Die Hände beim Kneten des Öfteren in kaltes/lauwarmes Wasser tauchen.

> Die Flüssigkeitsmenge hängt immer auch von der Feinheit des Mehles ab. Je feiner das Mehl gemahlen ist, desto mehr Wasser nimmt es auf.

> Die Vollkornteige sollten eher feucht sein (der Teig sollte an den Händen kleben), da die Brote sonst zu trocken werden. Dies gilt besonders für Teige aus Mehlmischungen.

- Bei feuchten Teigen werden Portionen mit einem Löffel abgestochen, diese im Mehl gewälzt, dann geformt und aufs bemehlte Backblech gelegt.
- Reine Weizenbrotteige können etwas fester sein, damit man sie auf der Arbeitsfläche kneten und formen kann. Einem Teig aus Weizen oder Dinkel kann auch etwas Fett (Butter oder Öl) zugefügt werden.
- Die geformten Brote sollten vor dem Backen noch etwas gehen (je nach Größe und Art des Teiges 5–15 Minuten).
- Die Brote können vor dem Gehen auch mit Wasser oder Milch bestrichen (oder eingetaucht) und mit verschiedenen Fettsamen bestreut werden. Festere Teige kann man in den Samen wälzen.
- Die Brote können mit einem Messer oder einer Schere eingeschnitten werden.
- Geht der Hefeteig nicht auf, ist er entweder mit zu heißer Flüssigkeit angerührt worden oder die Hefe war nicht mehr einwandfrei.
- Wenn das Brot bröckelt, ist zu viel Hefe verwendet worden (für 500 g Mehl reichen 25 g).
- Bei Sauerteigen kann auch etwas Hefe zugesetzt werden; die Brote werden dadurch lockerer.
- Das Einschieben des Brotes in den Ofen muss zum richtigen Zeitpunkt während des Gehens erfolgen: Das Brot muss gut angegangen, jedoch noch nicht vollständig gegangen sein, damit der letzte Schub im Ofen erfolgen kann.
- Die Brote werden bei relativ hoher Hitze gebacken (je nach Größe und Art des Brotes). Es ist empfehlenswert, die Brote bei hoher Anfangshitze (etwa 220–250 Grad) für kurze Zeit zu backen, dann das Rohr etwas zurückzuschalten und die Brote anschließend fertig zu backen.
  Sie können aber auch bei gleichbleibender hoher Temperatur gebacken werden (dann aber in kürzerer Zeit). Dies hängt immer auch vom Backrohr ab – testen Sie selber!
  Weizen- und Dinkelbrote sollten nicht heißer als 220 Grad gebacken werden. Roggenmischbrote vertragen eine höhere Temperatur (besonders die Anfangstemperatur kann bis zu 250 Grad betragen).
  Zur Dampfentwicklung kann man auch eine Schüssel mit Wasser (am besten kochendes Wasser) in das Backrohr stellen. Das Brot geht gut auf, und die Oberfläche wird geschmeidiger. Genauso kann man mit einer Sprühflasche warmes Wasser in den Backofen sprühen.
- Wenn das Brot beim Anklopfen an der Unterseite hohl klingt, ist es gar.
- Bestreicht man die Brote sofort nach dem Backen mit kaltem Wasser, so bekommen sie eine glänzende Kruste.
- Nach dem Backen das Brot auf einen Gitterrost legen, damit es gut auskühlen kann.
  Wenn das Brot zu flach geworden ist, ist es meistens zu lange gegangen, oder der Teig war zu flüssig.
- Sehr hohes Brot mit einem Riss über dem Boden ist zu kurz gegangen. Ein gut gelungenes Brot ist schön gewölbt.
- Wenn man das Brot einfrieren möchte, so lässt man es auskühlen, füllt es sofort in Nylonsäckchen und friert es ein (schnell auf –18 Grad kühlen und flach liegend einfrieren).
  Aufgetautes Brot bleibt nicht mehr so lange frisch.
- Zum Auftauen kann das Brot kurz in das heiße Backrohr gegeben werden. Das Brot schmeckt wie frisch gebacken.

Was tun, wenn das Brot nicht so schnell hart werden soll?

- Den Teig beim Gehen mit einem feuchten Tuch bedecken.
- Eine Schüssel mit Wasser in das Backrohr stellen.
- Das gebackene, dampfend aus dem Ofen kommende Brot noch einmal mit Wasser besprühen oder bestreichen. Die Feuchtigkeit dringt in das Brot ein und macht es saftiger. Es lässt sich auch besser schneiden, ohne zu krümeln.

Marmeladen in der Vollwertküche

Handelsübliche Marmeladen enthalten bis zu 65 Prozent Fabrikzucker, außerdem Konservierungsstoffe, Farbstoffe, Antioxidantien, Säureregulatoren, Schaumverhütungsmittel und geschwefelte Früchte. Solche Marmeladen sollten in der Vollwertküche nicht verwendet werden.
Wenn Sie Bedarf an Marmelade haben (für Kekse, Kuchen, Palatschinken), so bereiten Sie am besten selbst Marmelade zu. Die Früchte, wenn möglich aus biologischem Anbau, werden mit Honig gesüßt.
Bei magen-leber-galle-darmempfindlichen Personen kann gekochtes Obst (Marmelade, Kompotte) und Säfte jeglicher Art in Kombination mit Vollwertkost Unverträglichkeiten hervorrufen.

Roh gerührte Marmeladen

Dafür eignen sich vor allem Zwetschgen und Beerenobst (Erdbeeren, Heidelbeeren, Himbeeren u.a.). Die Früchte werden püriert, anschließend wird Honig (je nach Süße der Früchte) zugefügt. Eventuell kann man etwas Zitronensaft unterrühren. Die Marmelade wird frisch verzehrt. Sie hält im Kühlschrank einige Tage. Alle wichtigen biologischen Wirkstoffe (Vitalstoffe) bleiben erhalten.

Gekochte Marmeladen

Verwenden Sie sehr reife Früchte. Diese werden gewaschen, grob zerkleinert, im Kochtopf langsam erwärmt und anschließend auf kleiner Flamme so lange gekocht, bis eine musige Masse entstanden ist. Dann kann die Marmelade nach Wunsch noch püriert werden. Die Gläser werden in der Zwischenzeit mit heißem Wasser ausgewaschen und die Deckel ausgekocht. Dabei sollte man nur Gläser mit einem guten Schraubverschluss verwenden, da die Marmeladen ohne Zucker und Honig eingekocht werden.
Nun die kochend heiße Marmelade randvoll in die Gläser füllen, sauber abwischen und mit den ausgekochten Deckeln sofort verschließen. Langsam abkühlen lassen. Kühl und trocken lagern. Öfters kontrollieren. Die Marmelade ist etwa ein Jahr haltbar.
Wenn ein Glas geöffnet wird, kann man nach Geschmack etwas Honig (am besten Akazienhonig wegen seines neutralen Geschmacks) unterrühren. Sie werden staunen, wie fruchtig und gut so eine Marmelade schmeckt und wie wenig Honig man eigentlich zufügen muss.
Ein geöffnetes Glas sollten Sie immer im Kühlschrank aufbewahren; dort hält es etwa 3–5 Tage. Günstig ist auch, eher kleinere Gläser zu verwenden.
Eine auf diese Weise eingekochte Marmelade bleibt natürlich etwas flüssiger. Möchte man die Marmelade dennoch etwas fester haben, verwendet man reines Apfelpektin (ohne Zuckerzusatz). Dies erhalten Sie unter verschiedenen Namen im Naturkosthandel (Marmigel, Konfigel, Unigel u.a.). Dazu werden die Früchte wie oben gekocht und püriert. Das Apfelpektin mit etwas Wasser oder Zitronensaft oder mit wenig abgekühlter Marmelade verrühren, in die leicht kochende Marmelade einrühren und nur mehr einige Minuten köcheln lassen. Heiß in Gläser füllen.
Agar Agar ist ebenfalls ein pflanzliches Geliermittel und kann auch zum Eindicken verwendet werden. Für 1 kg Früchte reicht 1 Teelöffel Agar Agar.

Praktische Anleitungen zu den Rezepten

- > Lesen Sie das Rezept sorgfältig durch und vergewissern Sie sich, ob alle Zutaten zur Verfügung stehen.
- > Testen Sie und haben Sie auch Mut, die Rezepte abzuändern, wenn Ihnen bestimmte Zutaten nicht schmecken oder Sie diese nicht im Haus haben.
- > Kochen Sie mit Freude und nehmen Sie sich auch die Zeit, die Gerichte schön zu servieren. Das Auge isst mit!
- > Für die Zubereitung von Vollwertkost braucht es nicht mehr Zeit als in der üblichen Küche. Wenn die Arbeitsgänge geläufig sind und Sie sich mit den wesentlichen Punkten der Vollwertkost vertraut gemacht haben, ist die Zubereitung nicht aufwändiger als bei der üblichen Kost. Während nämlich zum Beispiel ein Getreidegericht quellen soll, können Sie andere Arbeiten erledigen.
- > Verwenden Sie gutes Kochgeschirr, das sich auch gut schließen lässt.
- > Schalten Sie rechtzeitig den Backofen ein.
- > Die Backtemperaturen sind für ein Haushaltsbackrohr mit Heißluft angegeben. Je nach Art des Backrohrs können sich jedoch einige Unterschiede in der Backtemperatur bzw. Backdauer ergeben. Bei Ober- und Unterhitze benötigt man in der Regel 10–20 Grad mehr oder die Backdauer muss etwas erhöht werden.
- > Bei Gerichten mit geschrotetem Getreide kann die Wassermenge etwas variieren, da sie von der Feinheit des geschroteten Getreides abhängt. Feiner geschrotetes Getreide nimmt mehr Wasser auf als gröber geschrotetes.
- > Gewürze, Fettsamen und Kräuter können Sie nach Geschmack und Laune durch andere ersetzen oder auch weglassen.

Personenanzahl

- > Alle Rezepte sind, wenn nicht anders angegeben, für vier Personen berechnet. Freilich gilt zu bedenken, ob Sie das Gericht als Hauptspeise oder innerhalb einer Menüfolge servieren.
- > Alle Rohkostgerichte sind für vier Personen berechnet. Wenn Sie zwei bis drei Frischkostsalate zubereiten, so ergibt dies einen ausreichend großen Teller. Möchten Sie einen Rohkostteller mit verschiedenen Salaten als Vorspeise anrichten, so sollten Sie die Mengen der einzelnen Salate verringern.

Maße und Gewichte

- > Die Flüssigkeitsmengen (bei Wasser, Milch, Sahne) sind mit wenigen Ausnahmen (bei den Suppen und einigen anderen Rezepten) immer in Gramm angegeben. Dadurch gelingt eine exaktere Messung, es sei denn, Sie verfügen über ein sehr genaues Litermaß. Die Grammangabe der Flüssigkeiten entspricht jeweils der gleichen Menge in Milliliter (z.B. 250 g Sahne sind 250 ml).
- > Mengenangaben sind in Liter (l), Kilogramm (kg) oder Gramm (g) angegeben.
- > Löffelmaße: Esslöffel (EL) und Teelöffel (TL).
- > 1 Messerspitze (Msp.) ist die Menge, welche die Spitze eines kleinen Messers bedeckt.
- > 1 Prise ist die Menge, die man zwischen Daumen und Zeigefinger halten kann.
- > 1 EL Mehl entspricht 15 g.
- > 1 EL Butter entspricht 10–15 g.
- > 1 EL Honig, gehäuft, entspricht etwa 40 g.
- > 1 Pkg. bedeutet ein Päckchen z.B. Backpulver.

Tiereiweißfreie Rezepte

Wie in der Einleitung schon erwähnt, können tierische Eiweiße Ursache für eine Reihe von Krankheiten sein. Die strikte Meidung des Tiereiweißes ist für die Linderung bzw. Heilung dieser Krankheiten unerlässlich.
Deshalb finden Sie bei vielen Rezepten, die mit tiereiweißhaltigen Zutaten gekocht sind, den Hinweis auf die tiereiweißfreie Variation.
Dies ist jedoch nicht bei allen Rezepten möglich. Bei vielen Gerichten (z.B. Rohkostgerichten, Suppen) wird Käse nur zur geschmacklichen Verfeinerung der Speise verwendet. Dort ist die tiereiweißfreie Variation nicht jedes Mal angeführt. Sie lassen dort den Käse einfach weg – die Speisen schmecken trotzdem gut.
Im Register finden Sie eine Übersicht über alle tiereiweißfreien Gerichte.

SELLERIEFRISCHKOST

Für 4 Personen

ZUTATEN

- ½ Sellerieknolle (etwa 250 g)
- 1 Apfel
- ¼ Ananas
- 50 g Sahne
- Vollmeersalz
- 1 Zitrone, Saft
- Olivenöl
- 1 EL Petersilie, gehackt
- 1 grüner Salatkopf, klein
- 4–5 Walnüsse, grob gehackt

ZUBEREITUNG

- Die Sellerieknolle waschen, bürsten, leicht schälen und hobeln. Sofort mit etwas Zitronensaft vermischen.
- Apfel und Ananas in Würfel schneiden und mit der Sellerieknolle mischen.
- Für die Marinade die Sahne mit Salz, Zitronensaft, Öl und Petersilie verrühren und unter den Salat mischen.
- Den grünen Salat auf Teller auslegen, den Selleriesalat darauf verteilen und mit den Walnüssen garnieren.

VARIATION

- Anstelle der Ananas eine würfelig geschnittene Orange untermengen.

KICHERERBSENSALAT MIT GEMÜSE

Für 4 Personen

ZUTATEN

- 200 g Kichererbsen
- je ½ grüne und rote Paprikaschote
- ½ TL Majoran oder Bohnenkraut
- Vollmeersalz
- Obstessig
- Olivenöl

ZUBEREITUNG

- Die Kichererbsen in 800 g Wasser mindestens 12 Stunden (auch länger) einweichen.
- Mit dem Einweichwasser in einen Topf geben. Zum Kochen bringen und zugedeckt bei mittlerer Hitze etwa 50 Minuten weich kochen. Dann abseihen und auskühlen lassen.
- Inzwischen die Paprikaschoten würfelig schneiden und mit den Kichererbsen mischen.
- Den Salat mit den restlichen Zutaten vermischen und 15 Minuten ziehen lassen.

VARIATIONEN

- Einige Oliven und 1 Esslöffel gehackte Zwiebel untermischen.
- 100 g Champignons fein schneiden und unter den Salat mischen.

RUCOLASALAT MIT PINIENKERNEN

Für 4 Personen

ZUTATEN

- 250 g Rucola
- 2–3 EL Pinienkerne
- Vollmeersalz
- Pfeffer aus der Mühle
- 4 EL Balsamicoessig
- Olivenöl
- 1 EL Senf
- etwas Parmesan, geraspelt

ZUBEREITUNG

- Den Rucolasalat waschen und abtropfen lassen.
- Die Pinienkerne in einer trockenen Pfanne kurz rösten.
- Aus Salz, Pfeffer, Essig, Olivenöl und Senf eine Marinade bereiten und den Salat damit anmachen.
- Mit Pinienkernen und Parmesan bestreuen und sofort servieren.

VARIATIONEN

- Anstatt Rucola Feldsalat verwenden.
- 100 g Schafskäse, 2 Tomaten, 2 Esslöffel gehackte Walnüsse, etwas Schnittlauch mit Rucola oder Feldsalat vermischen und mit der oben angeführten Marinade anmachen. Pinienkerne und Parmesan weglassen.

Selleriefrischkost

Rucolasalat mit Pinienkernen   Kichererbsensalat mit Gemüse

Für 4 Personen

SELLERIEKNOLLE MIT PARMESAN

ZUTATEN

- ½ Sellerieknolle (etwa 300 g)
- Zitronensaft
- Vollmeersalz
- Olivenöl
- 4 EL Parmesan, gerieben

ZUBEREITUNG

- Die Sellerieknolle waschen, bürsten und leicht schälen. In Stifte hobeln und sofort mit Zitronensaft beträufeln.
- Den Salat mit Salz und Olivenöl abschmecken und den Parmesan unterrühren.

Für 4 Personen

HAFERSALAT

ZUTATEN

- 200 g Nackthafer
- 400 g Wasser
- 1 EL Butter
- Vollmeersalz
- 1 TL Senf
- ½ TL Curry
- je ½ rote und gelbe Paprikaschote
- 100 g würziger Käse
- 12 Oliven, gehackt
- 2 EL Zwiebel, gehackt
- 1 TL Majoran oder Origano
- Obstessig
- Olivenöl

ZUBEREITUNG

- Den Hafer mit Wasser und Butter zum Kochen bringen und bei mäßiger Hitze etwa 20 Minuten köcheln lassen. Salz, Senf und Curry dazugeben und nochmals 10 Minuten köcheln lassen.
- Vom Herd nehmen und 15 Minuten quellen lassen.
- Den Hafer in eine Schüssel schütten und auskühlen lassen.
- Paprikaschoten und Käse in kleine Würfel schneiden und zum Hafer geben. Oliven und Zwiebel dazugeben.
- Den Salat mit den restlichen Zutaten abschmecken.

VARIATIONEN

- Der gekochte Hafer kann auch nur mit Salz, Essig und etwas gehackten Kräutern angemacht und als Beigabe zu Rohkostgerichten gereicht werden.
- Anstelle von Hafer 200 g Weizen mit 600 g Wasser 45 Minuten köcheln lassen. Vom Herd nehmen und zugedeckt 3 Stunden quellen lassen.

Für 4 Personen

ENDIVIENSALAT MIT WALNÜSSEN

ZUTATEN

- 1 Endiviensalat
- ½ Zwiebel, gehackt oder in Ringe geschnitten
- Vollmeersalz
- Pfeffer aus der Mühle
- Obstessig
- Olivenöl
- 2 EL Walnüsse, grob gehackt

ZUBEREITUNG

- Den Salat waschen und in 1–2 cm breite Streifen schneiden.
- Die restlichen Zutaten zu einer Salatsauce verrühren, unter den Endiviensalat mischen und servieren.

Endiviensalat mit Walnüssen   Hafersalat

KOHLRABICARPACCIO

Für 4 Personen

ZUTATEN

- 300 g Kohlrabi
- Pfeffer aus der Mühle
- Vollmeersalz
- 4 EL Olivenöl
- 2 EL Essig
- 1 TL Meerrettich oder Senf
- 1 EL Petersilie, gehackt
- 3–4 EL Pinienkerne oder Sonnenblumenkerne
- 4 EL Parmesan, in Scheiben gehobelt

ZUBEREITUNG

- Den Kohlrabi schälen und mit einem Gemüsehobel in hauchdünne Scheiben schneiden.
- Auf Teller verteilen und mit Pfeffer bestreuen.
- Salz, Öl, Essig, Meerrettich oder Senf und Petersilie zu einer Sauce verrühren und auf die Kohlrabischeiben verteilen.
- Die Pinienkerne oder Sonnenblumenkerne in einer trockenen Pfanne leicht rösten und mit dem Käse über die Kohlrabischeiben streuen.

PAPRIKA-AVOCADOTELLER

Für 4 Personen

ZUTATEN

- 1 gelbe Paprikaschote
- 1 Avocado
- 1 Zitrone, Saft
- 1 Zwiebel
- 3–5 EL Kapern
- Kräutersalz
- Olivenöl
- einige frische Basilikumblätter

ZUBEREITUNG

- Die Paprikaschote halbieren, waschen und in Streifen schneiden.
- Die Avocado schälen, halbieren und in feine Scheiben schneiden. Sofort mit Zitronensaft beträufeln.
- Die Zwiebel in feine Ringe schneiden.
- Paprika, Avocado und Zwiebel auf einem Teller anrichten und die Kapern darüberstreuen.
- Aus Kräutersalz, Zitronensaft und Olivenöl eine Marinade bereiten und über das Gemüse träufeln. Mit Basilikumblättern garnieren.

ROHNEN MIT SELLERIE

Für 4 Personen

ZUTATEN

- 1–2 Rohnen (etwa 200 g)
- 2 Stangen Bleichsellerie
- 1 kleiner säuerlicher Apfel
- 100–150 g Sauerrahm
- Vollmeersalz
- Pfeffer aus der Mühle
- Olivenöl
- 1 EL Petersilie, gehackt

ZUBEREITUNG

- Die Rohnen waschen, bürsten, nur die narbigen Teile wegschneiden und in Stifte hobeln.
- Die Selleriestangen in Streifen, den Apfel in Würfel schneiden und alles mischen.
- Aus den restlichen Zutaten eine Salatsauce bereiten und unter den Salat rühren.

Kohlrabicarpaccio

GRÜNER SALAT MIT PARMESANKÄSE

Für 4 Personen

ZUTATEN

- 1 grüner Salatkopf
- 4 EL Kürbiskerne
- Vollmeersalz
- Balsamicoessig
- Olivenöl
- 40 g Parmesankäse, in dünne Scheiben gehobelt

ZUBEREITUNG

- Den grünen Salat waschen und gut abtropfen lassen.
- Die Kürbiskerne in einer Pfanne ohne Fett kurz rösten.
- Den Salat mit Salz, Balsamicoessig und Olivenöl anmachen.
- Zum Schluss den Parmesankäse und die Kürbiskerne untermischen.

TIPP

- 50–100 g Feldsalat oder Rucola untermischen.

FENCHEL MIT OLIVEN

Für 4 Personen

ZUTATEN

- 2 Fenchelknollen (etwa 300 g)
- 6–8 grüne Oliven, grob gehackt
- ½ Zwiebel, in feine Ringe geschnitten
- Vollmeersalz
- Zitronensaft
- Olivenöl

ZUBEREITUNG

- Die Fenchel waschen und in feine Streifen hobeln oder schneiden.
- Oliven und Zwiebel zum Fenchel geben und mit den restlichen Zutaten abschmecken.

KAROTTENSALAT MIT SESAM

Für 4 Personen

ZUTATEN

- 2–3 EL Sesam
- 3 Karotten
- Zitronensaft
- Vollmeersalz
- Olivenöl

ZUBEREITUNG

- Den Sesam in einer trockenen Pfanne leicht rösten, bis die ersten Samen zu springen beginnen.
- Auskühlen lassen und in einem Mixer zerkleinern.
- Die Karotten waschen, nicht schälen und fein hobeln. Sofort mit Zitronensaft vermischen.
- Den Salat mit Salz und Olivenöl anmachen und den Sesam untermischen.

Für 4 Personen

SPARGELSALAT

ZUTATEN

- 8 Spargeln
- 2 Tomaten
- einige Basilikumblätter
- Vollmeersalz
- Zitronensaft
- Olivenöl

ZUBEREITUNG

- Die Spargeln schälen, in 2 cm lange Stücke schneiden und in einem Kochtopf dämpfen.
- Die Tomaten waschen, achteln und unter die erkalteten Spargeln mischen.
- Die Basilikumblätter in Streifen schneiden und zum Salat geben.
- Den Salat mit Salz, Zitronensaft und Olivenöl anmachen.

Für 4 Personen

KARTOFFELSALAT

ZUTATEN

- 200 g Sauerrahm
- Kräutersalz
- 3–4 TL Senf
- Obstessig
- Olivenöl
- 4–5 Essiggurken
- 1 kg gekochte Kartoffeln
- 2 EL Zwiebel, gehackt
- 2 EL Schnittlauch, fein geschnitten

ZUBEREITUNG

- Aus Sauerrahm, Salz, Senf, Essig und Öl eine Sauce bereiten.
- Die Essiggurken würfelig oder in Scheiben schneiden.
- Die Kartoffeln schälen und blättrig schneiden. Gurken und Zwiebel hinzufügen und mit der Sauce gut vermischen.
- Den Schnittlauch zufügen und etwas ziehen lassen.

Für 4 Personen

KARTOFFELSALAT MIT CHAMPIGNONS

ZUTATEN

- 600 g gekochte Kartoffeln
- Kräutersalz
- Obstessig
- Olivenöl
- 1–2 EL frische Kräuter (Petersilie, Thymian, Majoran), fein gehackt
- 200 g Schafskäse (Feta)
- 400 g Champignons
- etwas Zitronensaft
- 1 Zweig Rosmarin

ZUBEREITUNG

- Die Kartoffeln schälen und in kleine Würfel schneiden. Mit Salz, Essig, Olivenöl und den Kräutern anmachen.
- Die Feta in Würfel schneiden und mit den Kartoffeln mischen.
- Die Champignons putzen, vierteln, Zitronensaft darüberträufeln und in etwas Olivenöl mit dem Rosmarinzweig andünsten. Mit Kräutersalz würzen.
- Die Champignons unter den Salat mischen und servieren.

TIPP

- Erst zum Schluss auf jede Portion einige Esslöffel Champignons geben.

Für 4 Personen

ZUTATEN

- 3 Karotten
- 2–3 Selleriestangen
- Zitronensaft
- Kräutersalz
- Olivenöl

KAROTTEN MIT SELLERIE

ZUBEREITUNG

- Die Karotten waschen, nicht schälen und in feine Stifte hobeln.
- Die Selleriestangen waschen und in dünne Scheiben schneiden.
- Alles mischen und mit Zitronensaft, Salz und Olivenöl anmachen.

Für 4 Personen

ZUTATEN

- 300 g Weißkraut
- 4–6 getrocknete Tomaten
- ½ Zwiebel, fein gehackt
- Origano
- Kräutersalz
- Obstessig
- Olivenöl

KRAUTSALAT MIT GETROCKNETEN TOMATEN

ZUBEREITUNG

- Das Kraut fein schneiden.
- Die getrockneten Tomaten in Würfel schneiden und mit der Zwiebel unter das Kraut mischen.
- Den Salat mit den restlichen Zutaten abschmecken.

VARIATIONEN

- Anstelle vom Weißkraut ½ Wirsing verwenden.
- Schmeckt auch sehr gut mit Spinat. Dazu 300 g Spinat in feine Streifen schneiden und den Origano weglassen.
- Die Zwiebel kann auch weggelassen oder kurz angedünstet werden.

Für 4 Personen

ZUTATEN

- 1–2 Rohnen (etwa 300 g)
- 3 EL Sonnenblumenkerne
- Kräutersalz
- Obstessig
- Olivenöl

ROHNEN MIT SONNENBLUMENKERNEN

ZUBEREITUNG

- Die Rohnen waschen, bürsten, nur die narbigen Teile wegschneiden und hobeln.
- Die Sonnenblumenkerne in einer trockenen Pfanne leicht rösten und abkühlen lassen.
- Den Salat mit den restlichen Zutaten anmachen. Die Sonnenblumenkerne untermischen.

VARIATION

- Die Rohnen hobeln und 1–2 säuerliche Äpfel dazuraspeln. Mit Zitronensaft, wenig Apfelessig, Salz und Olivenöl abschmecken und mit 2–3 Esslöffel gehackten Haselnüssen oder Kürbiskernen bestreut servieren.

Karotten mit Sellerie
Krautsalat mit getrockneten Tomaten
Rohnen mit Sonnenblumenkernen

Für 4 Personen

FEINER FENCHELSALAT

ZUTATEN

- 1–2 Fenchelknollen (etwa 250 g)
- 1 große Birne
- 1 Zitrone, Saft
- 100 g Käse (Emmentaler)
- 2 EL Walnüsse, gehackt
- Vollmeersalz
- Olivenöl

ZUBEREITUNG

- Die Fenchel waschen und in feine Streifen hobeln oder schneiden.
- Die Birne in Würfel schneiden, zum Fenchel geben und mit Zitronensaft vermischen.
- Den Käse ebenfalls in kleine Würfel schneiden und mit den Walnüssen zum Salat geben.
- Mit Salz und Olivenöl abschmecken.

Für 4 Personen

GURKEN MIT SAUERRAHM

ZUTATEN

- 1–2 Salatgurken
- 4–6 EL Sauerrahm oder Crème fraîche
- Paprikapulver
- Kräutersalz
- 2 EL Schnittlauch, fein geschnitten

ZUBEREITUNG

- Die Gurken waschen und in dünne Scheiben hobeln.
- Den Sauerrahm oder die Crème fraîche mit Paprikapulver, Kräutersalz und Schnittlauch vermischen und unter die Gurken mischen.

Für 4 Personen

TOMATEN-AVOCADOTELLER

ZUTATEN

- 4 Tomaten
- 1 reife Avocado
- ½ Zitrone, Saft
- Vollmeersalz
- Pfeffer aus der Mühle
- 200 g Schafskäse (Feta)
- wenig Essig
- Olivenöl
- 1 Knoblauchzehe, in feine Scheiben geschnitten

ZUBEREITUNG

- Die Tomaten in dünne Scheiben schneiden.
- Die Avocado schälen, halbieren, den Kern entfernen und in gleichmäßig große Streifen schneiden. Sofort mit Zitronensaft beträufeln.
- Tomaten und Avocado auf den Tellern verteilen, salzen und pfeffern.
- Die Feta in Streifen schneiden und auf die Tomaten geben.
- Aus Essig und Öl eine Marinade bereiten, den Knoblauch untermischen und über den Salat gießen.

Feiner Fenchelsalat Gurken mit Sauerrahm

Tomaten-Avocadoteller

Für 4 Personen

ZUCCHINI-APFELROHKOST

ZUTATEN

- 2 Zucchini
- 1 säuerlicher Apfel
- 2–3 EL Mandeln, in grobe Stifte geschnitten
- Vollmeersalz
- Pfeffer aus der Mühle
- 2–3 EL Zitronensaft
- Olivenöl

ZUBEREITUNG

- Die Zucchini waschen und in größere Stücke hobeln. Den Apfel ebenso hobeln.
- Die Mandeln im Backrohr kurz bräunen lassen oder in einem Topf leicht rösten. Achtung, kleine Mandelstücke verbrennen schnell!
- Aus den restlichen Zutaten eine Sauce bereiten und den Salat damit anmachen.
- Zum Schluss die Mandeln untermischen.

Für 4 Personen

BLUMENKOHL MIT SAUERRAHM

ZUTATEN

- 300 g Blumenkohl
- 100–150 g Sauerrahm
- Vollmeersalz
- Pfeffer aus der Mühle
- 2 EL Zitronensaft
- Kurkuma (Gelbwurzel) oder Curry
- 1 EL Schnittlauch oder Petersilie, gehackt

ZUBEREITUNG

- Den Blumenkohl putzen, waschen und fein schneiden.
- Aus den restlichen Zutaten eine Sauce zubereiten und mit dem Blumenkohl vermischen. Etwas ziehen lassen.

Für 4 Personen

LINSENSALAT

ZUTATEN

- 200 g braune Linsen
- 1 gelbe Paprikaschote
- 2 kleine Tomaten
- ½ Zwiebel, fein gehackt
- 1 EL Butter
- Kräutersalz
- Pfeffer aus der Mühle
- Curry
- 2 EL Zitronensaft
- Essig
- Olivenöl

ZUBEREITUNG

- Die Linsen etwa 6 Stunden in etwa 600 g Wasser einweichen, dann bissfest kochen.
- Abseihen, salzen und mit etwas Essig und Öl anmachen.
- Paprikaschote und Tomaten in kleine Würfel schneiden und zu den Linsen geben.
- Die Zwiebel in Butter kurz dünsten und zum Salat geben.
- Mit Salz, Pfeffer, Curry, Zitronensaft, Essig und Olivenöl anmachen.

Zucchini-Apfelrohkost Blumenkohl mit Sauerrahm

Für 4 Personen

STAUDENSELLERIE MIT APFEL

ZUTATEN

- 200 g Staudensellerie
- 1 Apfel
- 50 g würziger Käse, würfelig geschnitten
- 2 EL Mandeln, in Stifte geschnitten
- Vollmeersalz
- Zitronensaft
- Olivenöl

ZUBEREITUNG

- Den Sellerie in feine Scheiben schneiden.
- Den Apfel achteln, in feine Scheiben schneiden und mit dem Käse zum Sellerie geben.
- Die Mandeln in einer trockenen Pfanne leicht rösten.
- Den Salat mit Salz, Zitronensaft und Öl anmachen und die Mandeln unterrühren.

VARIATION

- Anstelle der Mandeln 2 Esslöffel gehackte Walnüsse untermischen.

Für 4 Personen

BUNTER BOHNENSALAT

ZUTATEN

- 150 g rote Bohnen (Kidneybohnen)
- 150 g weiße Bohnen
- je 1 kleine gelbe und grüne Paprikaschote
- 1 rote Zwiebel
- 1 Knoblauchzehe, gehackt
- Vollmeersalz
- Pfeffer aus der Mühle
- Obstessig
- Olivenöl
- wenig Bohnenkraut, gehackt

ZUBEREITUNG

- Die Bohnen mindestens 12 Stunden in 1½ l Wasser einweichen und mit dem Einweichwasser etwa 1 Stunde kochen. Abseihen und auskühlen lassen.
- Die Paprikaschoten in feine Streifen schneiden, Zwiebel in Ringe schneiden.
- Alles zu den Bohnen geben und mit den restlichen Zutaten vermischen. Den Salat 15 Minuten durchziehen lassen.

Für 4 Personen

RADICCHIO MIT GETOASTETEN MANDELKERNEN

ZUTATEN

- 1 Radicchio
- 10–15 Mandeln
- Vollmeersalz
- Obstessig
- Olivenöl

ZUBEREITUNG

- Den Radicchio waschen und in 1 cm breite Streifen schneiden.
- Die Mandeln ins kochende Wasser geben, 1 Minute ziehen lassen und dann die Schale abziehen.
- Im heißen Backrohr hellbraun toasten oder vorsichtig in einem trockenen Kochtopf bräunen.
- Den Salat mit Salz, Essig und Olivenöl abschmecken und zum Schluss die abgekühlten Mandeln untermischen.

VARIATION

- 5–6 Walnüsse mittelfein hacken, unter den Radicchio mischen und mit Salz, Balsamicoessig und Olivenöl anmachen.

Staudensellerie mit Apfel

Bunter Bohnensalat

RADICCHIO MIT BOHNEN

Für 4 Personen

ZUTATEN

- 100 g weiße Bohnen
- Vollmeersalz
- Obstessig (evtl. Balsamicoessig)
- Olivenöl
- 1 Radicchio
- 1 Knoblauchzehe, fein gehackt

ZUBEREITUNG

- Die Bohnen über Nacht in 500 g Wasser einweichen und dann gar kochen. Gegen Ende der Kochzeit salzen.
- Dann abseihen, noch warm mit etwas Essig und Öl vermischen und ziehen lassen.
- Den Radicchio waschen und in 1 cm breite Streifen schneiden.
- Mit den Bohnen mischen und mit Salz, Essig, Olivenöl und Knoblauch abschmecken.

VARIATIONEN

- 2–3 Esslöffel Kürbiskerne in einer trockenen Pfanne toasten und unter den Salat mischen.
- 100 g Weizen mit 300 g Wasser zum Kochen bringen und 45 Minuten köcheln lassen. Salzen und zugedeckt 3 Stunden quellen lassen. Unter den Salat mischen. Die Weizenkörner können auch mit Salz, Essig und Olivenöl angemacht werden und zu anderen Rohkostgerichten serviert werden.

BROCCOLI-CHAMPIGNONROHKOST

Für 4 Personen

ZUTATEN

- 300 g Broccoli
- 100 g Champignons
- 2 EL Zitronensaft
- Olivenöl
- Obstessig
- Vollmeersalz
- Pfeffer aus der Mühle
- ½ Zwiebel, fein gehackt
- ½ TL Curry
- 2 EL Petersilie, gehackt

ZUBEREITUNG

- Den Broccoli putzen, waschen und in sehr dünne Scheiben schneiden.
- Die Champignons putzen und in dünne Scheiben schneiden. Sofort mit Zitronensaft beträufeln.
- Aus den restlichen Zutaten eine Sauce bereiten und mit dem Broccoli und den Champignons gut vermischen. Etwas ziehen lassen.

AVOCADO-BIRNENROHKOST

Für 4 Personen

ZUTATEN

- 2 reife Avocados
- 3 EL Zitronensaft
- 2 Birnen
- Vollmeersalz
- Olivenöl
- 50 g Parmesan, geraspelt

ZUBEREITUNG

- Die Avocados schälen und in Würfel schneiden. Sofort mit etwas Zitronensaft beträufeln.
- Die Birnen ebenfalls würfelig schneiden und unter die Avocados mischen.
- Mit Salz, restlichem Zitronensaft und Olivenöl anmachen und etwas ziehen lassen. Zum Schluss den Parmesan unterheben.

VARIATION

- Anstelle der Birnen 1–2 Esslöffel gehackte Zwiebel unter den Salat mischen.

Radicchio mit Bohnen Broccoli-Champignonrohkost

JOGHURTDRESSING

ZUTATEN

- 125 g Naturjoghurt
- 50 g Olivenöl
- Kräutersalz
- 1 EL Zitronensaft
- Pfeffer aus der Mühle
- Gewürze nach Geschmack (Senf, Meerrettich, Kräuter)
- etwa 30 g heißes Wasser
- ¼ TL Suppenwürze

ZUBEREITUNG

- Das Naturjoghurt mit Olivenöl in eine Schüssel geben und verrühren.
- Kräutersalz, Zitronensaft und Pfeffer zufügen. Die Gewürze nach Geschmack dazugeben und alles vermischen.
- Das heiße Wasser mit der Suppenwürze gut verrühren und unter die Sauce rühren.

KNOBLAUCHSAUCE

ZUTATEN

- 200 g Sauerrahm oder Naturjoghurt
- 3 EL Olivenöl
- 2–3 Knoblauchzehen, fein gehackt
- 2 EL Zitronensaft
- 1 Msp. Paprikapulver
- 2 EL Kräuter, gehackt
- Kräutersalz
- Pfeffer aus der Mühle

ZUBEREITUNG

- Sauerrahm oder Joghurt mit Olivenöl verquirlen.
- Alle anderen Zutaten untermischen und gut abschmecken.

MEERRETTICHDIP

ZUTATEN

- 150 g Crème fraîche
- 150 g Naturjoghurt
- 1 EL Meerrettich
- 1 Knoblauchzehe, gehackt
- 1 EL Schnittlauch, fein geschnitten
- Kräutersalz
- Pfeffer aus der Mühle

ZUBEREITUNG

- Crème fraîche mit Joghurt und Meerrettich verrühren.
- Knoblauch und Schnittlauch untermischen und mit Kräutersalz und Pfeffer abschmecken.

ÖL-KRÄUTERDRESSING

ZUTATEN

- 2 EL Obstessig
- 1 EL Zitronensaft
- ½ TL Senf
- Kräutersalz
- Pfeffer aus der Mühle
- 50 g Olivenöl
- 2 EL Zwiebel, gehackt
- 1–2 EL Kräuter, gehackt
- 2 EL Oliven oder Kapern, gehackt

ZUBEREITUNG

- Obstessig, Zitronensaft und Senf verrühren, mit Salz und Pfeffer abschmecken.
- Unter ständigem Rühren das Öl untermischen und zum Schluss die übrigen Zutaten unterrühren.

SENFDIP

ZUTATEN

- 125 g Sahne
- 2 EL Olivenöl
- 2 EL mittelscharfer Senf
- 1 EL Obstessig
- Kräutersalz
- Pfeffer aus der Mühle
- 2 Msp. Curry

ZUBEREITUNG

- Die Sahne mit Öl, Senf und Essig gut verrühren.
- Mit Salz, Pfeffer und Curry abschmecken.

VARIATIONEN

- Frische Kräuter sehr fein hacken und unterrühren.
- Anstelle der Sahne 200 g Sauerrahm verwenden.
- Sahne etwas schlagen und alle restlichen Zutaten untermischen.

GORGONZOLADIP

ZUTATEN

- 100 g Gorgonzola, mild
- 125 g Naturjoghurt
- Kräutersalz
- Pfeffer aus der Mühle

ZUBEREITUNG

- Den Gorgonzola mit einem Rührgerät cremig rühren.
- Das Naturjoghurt zufügen und gut vermischen.
- Mit Salz und Pfeffer abschmecken.

VARIATIONEN

- Etwas Paprikapulver zufügen.
- Etwas gehackten Schnittlauch untermischen.

FRISCHKORNGERICHT

ZUTATEN FÜR 1 PERSON

3 EL Getreide (eine Sorte oder eine Mischung von Weizen, Roggen, Nacktgerste, Vollkornreis oder Dinkel)

kaltes Leitungswasser

verschiedenes Obst je nach Jahreszeit (ein Apfel und eine Banane sollten immer dabei sein, sie machen das Gericht besonders luftig und wohlschmeckend)

etwas Zitronensaft

abwechselnd verschiedene Fettsamen wie Haselnüsse, Mandeln, Walnüsse, Sonnenblumenkerne

eventuell nach Geschmack: Naturvanille, Zimt, Zitronen- oder Orangenschale, fein gerieben

1–3 EL geschlagene Sahne

ZUBEREITUNG

- Das Getreide schroten, mit Wasser zu einem dicklichen Brei verrühren und 5–12 Stunden zugedeckt quellen lassen.
- Den Apfel nicht zu fein reiben, die Banane zerdrücken oder in Würfel schneiden und mit Zitronensaft vermischen.
- Das restliche Obst würfelig schneiden und mit dem eingeweichten Getreide ebenfalls daruntermischen.
- Die gehackten oder gemahlenen Nüsse untermischen und nach Geschmack mit Vanille, Zimt, Zitronen- oder Orangenschale abschmecken.
- Die geschlagene Sahne unter das Frischkorngericht heben (etwas für die Dekoration zurückbehalten).
- Mit Obst und Sahne dekoriert servieren!

VARIATIONEN

- Mit Nackthafer, Hirse oder Buchweizen: Hafer und Hirse werden nicht mit dem anderen Getreide geschrotet und eingeweicht, da sie sonst bitter schmecken. Hafer (möglichst Nackthafer) und Hirse werden geschrotet und sogleich unter das Frischkorngericht gemischt. Buchweizen kann als ganzes Korn eingeweicht werden.
- Mit Haferflocken: Den Hafer zu Flocken quetschen und unter den Obstbrei mischen.

Die Natur versteht keinen Spaß,
sie ist immer wahr,
immer ernst,
immer strenge,
sie hat immer recht
und die Fehler und Irrtümer
sind immer des Menschen.
GOETHE

BLUMENKOHL-CURRYSUPPE

Für 4 Personen

ZUTATEN

- 300 g Blumenkohl
- 1 kleine Zwiebel, gehackt
- 1–2 EL Öl
- 1 l Wasser
- 1 TL Suppenwürze
- Vollmeersalz
- 1 EL Vollkornreis, fein gemahlen
- 50 g Sahne
- 1 EL Zitronensaft
- ½ TL Kurkuma
- 2 Msp. Curry
- 1 Msp. Ingwerpulver

ZUBEREITUNG

- Den Blumenkohl waschen und klein schneiden.
- Die Zwiebel in Öl kurz andünsten.
- Den Blumenkohl zufügen, mit Wasser aufgießen, Suppenwürze und Salz dazugeben und weich kochen.
- Den Blumenkohl pürieren, das Reismehl mit wenig Wasser anrühren, in die kochende Suppe einrühren und 1 Minute aufkochen lassen. Vom Herd nehmen und zugedeckt 10 Minuten quellen lassen.
- Zum Schluss die Sahne und den Zitronensaft zufügen und die Suppe mit den Gewürzen abschmecken.

TIPP

- Die Suppe mit getoasteten Mandelsplittern und einem Zitronenmelissenblatt garnieren.

FEINE KNOBLAUCHSUPPE

Für 4 Personen

ZUTATEN

- 6–8 Knoblauchzehen
- 2 EL Butter
- 80 g Weißwein
- 70 g Vollkornreis, fein gemahlen
- 1 l Wasser
- Vollmeersalz
- 1 TL Suppenwürze
- Pfeffer aus der Mühle
- 100 g Sahne

WEITERES

- 2–3 Scheiben Vollkornbrot
- 1 EL Butter
- 1–2 EL Schnittlauch, fein geschnitten

ZUBEREITUNG

- Den Knoblauch fein hacken, in Butter kurz andünsten, den Weißwein dazugeben und kurz einkochen lassen.
- Das Reismehl einrühren, mit Wasser aufgießen und gut verrühren. Salz und Suppenwürze zufügen und kurz aufkochen lassen.
- Vom Herd nehmen und zugedeckt 20 Minuten quellen lassen.
- Die Suppe mit Pfeffer und Sahne abschmecken und nochmals kurz aufkochen lassen. Pürieren, damit sie sehr cremig und schaumig wird.
- Das Brot in kleine Würfel schneiden und in Butter leicht anrösten.
- Die Suppe mit den Brotwürfeln und Schnittlauch servieren.

Blumenkohl-Currysuppe

KARTOFFEL-LAUCHSUPPE MIT BROTCROUTONS

Für 4 Personen

ZUTATEN

1	Zwiebel, fein gehackt
1–2 EL	Öl
250 g	Lauch
350 g	Kartoffeln
1,4 l	Wasser
1	Knoblauchzehe, fein gehackt
	Vollmeersalz
1–2 TL	Suppenwürze
	Muskatnuss, gerieben
	Pfeffer aus der Mühle
30–50 g	Sahne
4 EL	Parmesan, gerieben

WEITERES

100–150 g	Vollkornbrot
2 EL	Butter

ZUBEREITUNG

- Die Zwiebel in Öl andünsten.
- Den Lauch putzen, waschen und in kleine Stücke schneiden.
- Die Kartoffeln schälen und ebenfalls in kleine Würfel schneiden.
- Beides zur Zwiebel geben und kurz mitdünsten lassen.
- Mit Wasser aufgießen, den Knoblauch zufügen, würzen und kochen lassen, bis das Gemüse gar ist.
- Einen Teil der Suppe pürieren und mit Sahne und Parmesan verfeinern.
- Das Brot in kleine Würfel schneiden und in einer Pfanne mit Butter anbräunen.
- Die Suppe mit den Brotcroutons servieren.

KÜRBIS-BOHNENSUPPE

Für 4 Personen

ZUTATEN

150 g	weiße Bohnen (evtl. auch Borlottibohnen)
500 g	Kürbis
900 g	Wasser
2–3	Kartoffeln
250 g	Lauch
je ½	rote und gelbe Paprikaschote
1	Selleriestange
2 EL	Öl
1	Zwiebel, fein gehackt
2	Knoblauchzehen, fein gehackt
	Vollmeersalz
1–2 TL	Suppenwürze
	Pfeffer aus der Mühle
wenig	Bohnenkraut, fein gehackt
3	Salbeiblätter, fein gehackt
4 EL	Sauerrahm zum Servieren

ZUBEREITUNG

- Die Bohnen in 1 l Wasser 12 Stunden einweichen, dann 1 Stunde leicht köcheln lassen und abseihen.
- Den Kürbis in kleine Würfel schneiden, mit ½ l Wasser und Salz weich kochen und dann pürieren.
- Kartoffeln, Lauch, Paprikaschoten und Selleriestange in Würfel schneiden.
- Die Zwiebel in Öl kurz andünsten. Das Gemüse und den Knoblauch dazugeben und kurz dünsten lassen.
- Den pürierten Kürbis und die Bohnen zum Gemüse geben. Die restlichen 400 g Wasser zufügen, salzen und pfeffern, Suppenwürze dazugeben, mit den restlichen Kräutern würzen und so lange köcheln lassen, bis das Gemüse gar ist.
- Vor dem Servieren die Suppe nochmals abschmecken und mit Sauerrahm servieren.

VARIATION

- 30 g Butter mit Salbei und Bohnenkraut zerlassen. Etwas ziehen lassen und unter die Suppe rühren.

Kartoffel-Lauchsuppe mit Brotcroutons

Kürbis-Bohnensuppe

Für 4 Personen

GETREIDESCHROTSUPPE MIT GEMÜSE

ZUTATEN

- 1 mittlere Zwiebel, fein gehackt
- 1 EL Butter
- 1 Zucchini (oder Karotte, Lauch, Sellerieknolle)
- etwas Weißwein zum Ablöschen
- 1 l Wasser
- 70–80 g Getreideschrot (Weizen, Dinkel, Hartweizen, Vollkorngerste, Hirse oder Hafer)
- Vollmeersalz oder Kräutersalz
- 1–2 TL Suppenwürze
- 2 EL Parmesan, gerieben
- 2 EL Schnittlauch oder Petersilie, gehackt

ZUBEREITUNG

- Die Zwiebel in Butter kurz andünsten.
- Das Gemüse in dünne Stifte hobeln oder klein schneiden und dazugeben. Kurz dünsten lassen. Mit Weißwein löschen und einkochen lassen.
- Das Wasser aufgießen, den Getreideschrot sofort einrühren und Salz und Suppenwürze dazugeben.
- Die Suppe 2–3 Minuten köcheln lassen, vom Herd nehmen, dann zugedeckt etwa 10 Minuten quellen lassen.
- Nochmals abschmecken, mit Parmesan verfeinern und mit Schnittlauch oder Petersilie servieren.

VARIATION

- Keine Zwiebel andünsten, sondern das Wasser mit dem Gemüse zum Kochen bringen, salzen und das geschrotete Getreide einrühren. Aufkochen lassen, mit den restlichen Zutaten abschmecken und quellen lassen.

TIPP

- Für eine dicke Suppe 100 g Getreide verwenden.

Für 4 Personen

GRÜNKERNSUPPE

ZUTATEN

- ½ Lauch
- 1 Karotte
- 1 Selleriestange
- 1 EL Butter
- 70–80 g Grünkern, mittelfein geschrotet
- 1 l Wasser
- Vollmeersalz
- 1 Knoblauchzehe, fein gehackt
- ½ TL Majoran
- Muskatnuss, gerieben
- 2 EL Parmesan
- 1 EL Petersilie oder Schnittlauch, gehackt

ZUBEREITUNG

- Das Gemüse putzen, fein aufschneiden und in Butter kurz andünsten.
- Den Grünkernschrot dazugeben, das Wasser aufgießen, zum Kochen bringen und etwa 1 Minute aufkochen.
- Salz, Knoblauch, Majoran und Muskatnuss hinzufügen, vom Feuer nehmen und zugedeckt 10 Minuten quellen lassen.
- Die Suppe nochmals abschmecken, mit Parmesan und Petersilie oder Schnittlauch servieren.

TIPP

- Für eine dicke Suppe 100 g Grünkern verwenden.

Getreideschrotsuppe mit Gemüse

Für 4 Personen

SELLERIECREMESUPPE

ZUTATEN

1	Zwiebel, fein gehackt
1 EL	Öl
200 g	Stangensellerie
50 g	Knollensellerie
250 g	Kartoffeln
1 l	Wasser
1 TL	Suppenwürze
	Vollmeersalz
	Pfeffer aus der Mühle
20 g	Butter
4 EL	Sahne

ZUBEREITUNG

- Die Zwiebel in Öl andünsten.
- Sellerie und Kartoffeln in kleine Würfel schneiden, dazugeben und ebenfalls etwas dünsten lassen.
- Das Wasser aufgießen, Suppenwürze dazugeben und salzen.
- Nun zugedeckt leicht köcheln lassen, bis alles weich ist.
- Dann pürieren, mit Pfeffer würzen und mit Butter und Sahne verfeinern.

Für 4 Personen

FENCHELCREMESUPPE

ZUTATEN

1	Zwiebel, fein gehackt
1 EL	Öl
300 g	Fenchelknollen
etwas	Weißwein zum Ablöschen
1 l	Wasser
1 TL	Suppenwürze
	Vollmeersalz
1–2 EL	Vollkornreis, fein gemahlen
50 g	Sahne
4 EL	Parmesan, gerieben

ZUBEREITUNG

- Die Zwiebel in Öl andünsten.
- Die Fenchelknollen waschen, etwas Fenchelgrün zur Dekoration weggeben und die Fenchel in kleine Stücke schneiden.
- Zur Zwiebel geben und etwas andünsten lassen.
- Mit Weißwein ablöschen, kurz einkochen lassen, dann das Wasser aufgießen.
- Die Suppenwürze und das Salz zufügen und alles weich kochen.
- Die Suppe pürieren, das Reismehl mit ganz wenig kaltem Wasser verrühren und in die Suppe einrühren. Nochmals aufkochen lassen und dann zugedeckt etwa 10 Minuten quellen lassen.
- Die Suppe mit Sahne verfeinern und mit Fenchelgrün und Parmesan bestreut servieren.

TIPP

- Mit Brotcroutons servieren.

ROHNENEINTOPF – BORSCHTSCH

Für 4 Personen

ZUTATEN

- 300 g Rohnen
- 100 g Suppengrün (Karotten, Selleriestange, Lauch)
- 1 große Zwiebel, fein gehackt
- 2 EL Öl
- 1,3 l Wasser
- 150 g Weißkraut
- 200 g Kartoffeln
- 1 Lorbeerblatt
- 1½ TL Kümmel
- 1–2 TL Suppenwürze
- 1–2 Knoblauchzehen, fein gehackt
- 200 g Tomatensauce oder frische Tomaten
- Kräutersalz
- 1 EL Obstessig
- Pfeffer aus der Mühle
- 4 EL Sauerrahm

ZUBEREITUNG

- Die Rohnen waschen, davon nur die narbigen Teile wegschneiden und würfelig schneiden.
- Das Suppengrün in kleine Würfel schneiden.
- Die Zwiebel in Öl kurz andünsten.
- Die Rohnen und das Suppengemüse dazugeben und etwas andünsten.
- Die Hälfte der Wassermenge aufgießen und etwa 20 Minuten köcheln lassen.
- Das fein geschnittene Weißkraut, gewürfelte Kartoffeln, Lorbeer, Kümmel, Suppenwürze, Knoblauch und das restliche Wasser dazugeben und weitere 15 Minuten kochen lassen.
- Dann die Tomatensauce oder die frischen, fein gehackten Tomaten dazugeben und noch 5 Minuten köcheln lassen.
- Mit Kräutersalz, Obstessig und Pfeffer würzen.
- Die Suppe mit Sauerrahm servieren.

PASTA E FAGIOLI

Für 4 Personen

ZUTATEN

- 150 g weiße oder braune Bohnen
- 1½ l Wasser
- 1 Lorbeerblatt
- 150 g Karotten
- 150 g Lauch
- 400 g Kartoffeln
- 1 Zwiebel, fein gehackt
- 1 EL Öl
- Vollmeersalz
- 1 Knoblauchzehe, fein gehackt
- 1–2 TL Suppenwürze
- 100 g kleine Vollkornmaccheroni
- ½ TL Majoran
- 4 EL Parmesan, gerieben

ZUBEREITUNG

- Die Bohnen im Wasser über Nacht einweichen und dann etwa 1 Stunde mit dem Lorbeerblatt leicht köcheln lassen.
- Das Gemüse in mittlere Würfel schneiden.
- Die Zwiebel in Öl leicht andünsten.
- Das Gemüse dazugeben, mit Salz und Knoblauch würzen und nur kurz dünsten lassen.
- Das Gemüse mit den Bohnen mischen, Suppenwürze dazugeben und zum Kochen bringen. Die Nudeln dazugeben und fertig kochen.
- Mit Majoran abschmecken und die Suppe mit Parmesan servieren.

VARIATION

- 2–3 gepresste Knoblauchzehen und viel fein gehackte Petersilie in Olivenöl anziehen lassen und unter die Suppe rühren.

Für 4 Personen

VOLLKORNGERSTESUPPE

ZUTATEN

- 150 g Nacktgerste
- 1 ½ l Wasser
- 2 Lorbeerblätter
- 150 g Karotten
- 150 g Lauch
- 100 g Selleriestange
- 500 g Kartoffeln
- 2 EL Öl
- Vollmeersalz
- 1–2 TL Suppenwürze
- 2 EL Butter
- 5 EL Parmesan, gerieben
- Pfeffer aus der Mühle
- 2 EL Schnittlauch, fein geschnitten

ZUBEREITUNG

- Die Gerste mit Wasser und Lorbeerblättern 45 Minuten zugedeckt langsam köcheln lassen.
- Vom Herd nehmen und zugedeckt etwa 3 Stunden quellen lassen.
- Das würfelig geschnittene Gemüse in Öl kurz andünsten, Gerste zufügen, Wasser nach Bedarf hinzufügen (je nachdem, ob die Suppe fester oder flüssiger sein soll), salzen, Suppenwürze dazugeben und etwa 15 Minuten weich kochen.
- Zum Schluss mit Butter und 2 Esslöffel Parmesan abschmecken, mit Salz und Pfeffer würzen und mit Schnittlauch und Parmesan servieren.

Für 4 Personen

LINSEN-SELLERIESUPPE

ZUTATEN

- 120 g braune Linsen
- 1 Zwiebel, fein gehackt
- 2 EL Öl
- 300 g Selleriestangen
- 1 l Wasser
- Vollmeersalz
- 1 Lorbeerblatt
- Suppenwürze
- Pfeffer aus der Mühle
- einige Sellerieblätter, fein gehackt
- 50 g Kürbiskerne
- 4 EL Sauerrahm oder Crème fraîche zum Servieren
- 1 EL Schnittlauch, fein geschnitten

ZUBEREITUNG

- Die Linsen einige Stunden in 600 g Wasser einweichen, dann weich kochen und abseihen.
- Die Zwiebel in Öl andünsten, die würfelig geschnittenen Selleriestangen zufügen und etwas dünsten lassen.
- Mit Wasser aufgießen, Salz, Lorbeerblatt, Suppenwürze und Pfeffer hinzufügen. Kurz kochen lassen.
- Linsen und Sellerieblätter zufügen und nochmals kurz aufkochen lassen.
- Die Kürbiskerne in einer Pfanne ohne Fett toasten.
- Die Suppe mit Sauerrahm oder Crème fraîche, Schnittlauch und den getoasteten Kürbiskernen servieren.

VARIATION

- 2–3 Kartoffeln würfelig schneiden und mitkochen.

Vollkorngerstesuppe

Linsen-Selleriesuppe

Für 4 Personen

SPARGELCREMESUPPE

ZUTATEN

- 400 g frische Spargeln
- 1 l Wasser
- 3 EL Vollkornreis, fein gemahlen
- Vollmeersalz
- 1 TL Suppenwürze
- etwas Weißwein
- 6 EL Sahne
- 1 EL Butter
- Pfeffer aus der Mühle
- 1–2 EL Parmesan, gerieben
- 1 EL Schnittlauch oder Petersilie, fein geschnitten

ZUBEREITUNG

- Die Spargeln schälen. Die Schalen mit ¾ l Wasser zum Kochen bringen und etwa 15 Minuten auskochen lassen.
- Abseihen und das Wasser für die Suppenzubereitung in einem Kochtopf auffangen.
- Die Spargeln in Scheiben schneiden und mit ¼ l Wasser weich kochen.
- Die Spargelspitzen herausnehmen und als Suppeneinlage verwenden.
- Den Rest pürieren.
- Das Reismehl in den Spargelsud vorsichtig einrühren. Salz, Suppenwürze und Weißwein dazugeben und kurz aufkochen lassen.
- Die pürierten Spargeln dazugeben, vom Herd nehmen und zugedeckt 10 Minuten quellen lassen.
- Die Suppe mit Sahne, Butter, Pfeffer und Parmesan abschmecken und mit den Spargelspitzen und Schnittlauch oder Petersilie servieren.

TROCKENE SUPPENWÜRZE

ZUTATEN

- je 100 g Karotten, Selleriestange, Lauch, Zwiebel
- etwa 70 g Kräuter, gemischt (Sellerie, Petersilie, Basilikum)
- 1–2 TL Kurkuma
- 3 TL Vollmeersalz

ZUBEREITUNG

- Das Gemüse putzen, waschen und in sehr feine Scheiben schneiden.
- Im Dörrgerät oder im Backrohr bei 50 Grad trocknen.
- Die Kräuter ebenfalls trocknen.
- Alles mit einem Mixer zerkleinern und mit Salz und Kurkuma vermischen.

GEMÜSEBRÜHE

ZUTATEN

- 1 Zwiebel
- je 50 g Karotten, Selleriestange mit Blättern, Lauch
- 1 l Wasser
- 1 Lorbeerblatt
- 4–5 zerdrückte Pfefferkörner
- etwas Liebstöckel
- 1 Knoblauchzehe, in Scheiben geschnitten
- Vollmeersalz

ZUBEREITUNG

- Die Zwiebel halbieren und in einem Topf ohne Fett die Schnittflächen bräunen.
- Das Gemüse putzen, waschen und klein schneiden. Zur Zwiebel geben, mit Wasser aufgießen und langsam zum Kochen bringen. 15 Minuten köcheln lassen.
- Dann Lorbeerblatt, Pfefferkörner, Liebstöckel, Knoblauch und Salz dazugeben. Weitere 15–20 Minuten langsam kochen lassen.
- Die Brühe durch ein feines Sieb gießen.

SUPPENEINLAGEN

- Als Einlage eignen sich Grießnocken, Grünkernknödelchen, Vollkornsuppennudeln, Gemüsestreifen.
- Die Masse der Grießnocken kann auch über eine grobe Reibe in die kochende Brühe gegeben werden. Kurz köcheln lassen und 10 Minuten ziehen lassen.

BROTCROUTONS

ZUTATEN

- cheiben Vollkornbrot (auch altes – vorzugsweise Weizen-Dinkelbrot)
- 1–2 EL Butter

ZUBEREITUNG

- Das Vollkornbrot in Würfel schneiden und in einer Pfanne mit Butter leicht bräunen.

VARIATIONEN

- PARMESANCROUTONS: Brotwürfel in Butter bräunen und am Schluss 1–2 Esslöffel Parmesan unterrühren.
- KNOBLAUCHCROUTONS: Brotwürfel in Butter bräunen und am Schluss eine gepresste Knoblauchzehe unterrühren.

Ergibt etwa 15 Puffer

KAROTTENPUFFER

ZUTATEN

- 2–3 Eier
- Muskatnuss, gerieben
- Pfeffer aus der Mühle
- 1 Msp. Curry
- Kräutersalz
- 300 g Karotten
- 150 g Kartoffeln
- ½ Zwiebel, fein gehackt
- 50 g Weizen, fein gemahlen
- 40 g Käse, gehobelt
- 30 g Kürbiskerne, gehackt
- Öl zum Braten

ZUBEREITUNG

- Eier, Muskatnuss, Pfeffer, Curry und Kräutersalz verrühren.
- Die Karotten und Kartoffeln gut waschen und mit der Schale nicht zu fein hobeln. Mit Zwiebel, Mehl, Käse und Kürbiskernen zur Eiermischung geben.
- Runde Puffer formen, fest zusammendrücken und in heißem Öl auf beiden Seiten langsam goldgelb braten.
- Mit einer Sauce oder grünem Salat servieren.

VARIATIONEN

- Kürbiskerne weglassen
- KARTOFFELPUFFER: 500 g Kartoffeln, 2 Eier, 50 g Weizen, fein gemahlen, 1 kleine Zwiebel, fein gehackt, 1 Esslöffel Schnittlauch, fein geschnitten, Vollmeersalz, Pfeffer aus der Mühle, Muskatnuss. Kartoffeln hobeln und mit den restlichen Zutaten vermischen.

Ergibt etwa 14 Puffer

KÜRBISPUFFER

ZUTATEN

- 300 g Kürbis
- 2 Knoblauchzehen, fein gehackt
- 60 g Polentamais, fein gemahlen
- 2–3 Eier
- 60–80 g würziger Käse, gehobelt
- Vollmeersalz
- Pfeffer aus der Mühle
- Samenöl zum Braten

ZUBEREITUNG

- Den Kürbis schälen und mittelfein raspeln.
- Knoblauch, Polentamehl, Eier, Käse, Salz und Pfeffer hinzufügen und vermischen.
- In einer Bratpfanne das Samenöl erhitzen, jeweils 1–2 Esslöffel Teig hineingeben, etwas flachdrücken und langsam auf beiden Seiten mit geschlossenem Deckel goldgelb backen.
- Mit grünem Salat, Tomatensalat, einer Sauce oder einem Gemüsegericht servieren.

TIPP

- Einen runden Ausstecher in die Pfanne legen, 1–2 Esslöffel Teig hineingeben, etwas andrücken und die Puffer langsam backen. Ergibt schöne, gleichmäßig runde Puffer.

Karottenpuffer Zucchini-Minzegemüse (Seite 101)

LAUCHQUICHE

Für 4–6 Personen – ergibt 1 Backblech

ZUTATEN

- 300 g Dinkel, fein gemahlen
- ½ TL Vollmeersalz
- 2 EL Öl
- 170–200 g Wasser
- 25 g Hefe

BELAG

- 500 g Lauch
- 2 Eier
- 200 g Sauerrahm
- 150 g Crème fraîche
- 200 g würziger Käse, gerieben
- Muskatnuss, gerieben
- Kräutersalz

ZUBEREITUNG

- Mehl, Salz und Öl in eine Schüssel geben.
- Die Hefe im Wasser auflösen und mit dem Mehl zu einem geschmeidigen Teig verkneten. Zugedeckt etwa 1 Stunde gehen lassen.
- Den Lauch in kleine Würfel schneiden und mit ganz wenig Wasser bissfest dünsten.
- Eier, Sauerrahm, Crème fraîche, Käse und Gewürze gut verrühren und den abgekühlten Lauch untermischen.
- Den Teig ausrollen und auf ein geöltes Blech legen.
- Die Lauchmasse darüber verteilen und im Backrohr bei 200 Grad 20–30 Minuten backen.

VARIATIONEN

- Für eine runde Kuchenform die halbe Menge verwenden.
- Statt Lauch Spinat, Zucchini oder Kürbis verwenden.

TIEREIWEISSFREI

Eier und Käse weglassen, gut würzen.

HIRSEPFANNKUCHEN MIT WIRSING

Ergibt 4 große Pfannkuchen

ZUTATEN

- 150 g Hirse, fein gemahlen
- 1 EL Weizen, fein gemahlen
- 2 Eier
- 200 g Wasser
- 50 g Sahne
- Vollmeersalz

FÜLLUNG

- 500 g Wirsing
- 1 Zwiebel, fein gehackt
- 1 EL Butter
- ½ TL Kümmel, gehackt
- Vollmeersalz
- 2 EL Crème fraîche oder Sahne
- Öl zum Backen

WEITERES

- 200 g Tomatensauce
- 50 g würziger Käse, in Streifen gehobelt

ZUBEREITUNG

- Mehl, Eier, Wasser, Sahne und Salz zu einem Teig verrühren und 30 Minuten quellen lassen.
- Den Wirsing in feine Streifen schneiden.
- Die Zwiebel in Butter andünsten und den Wirsing dazugeben. Würzen und dünsten lassen. Zum Schluss Crème fraîche zufügen.
- Aus dem Hirseteig in heißem Öl nacheinander 4 (oder auch 8 kleine) Pfannkuchen backen.
- Die Pfannkuchen mit dem Wirsing füllen, aufrollen und nebeneinander in eine gefettete Auflaufform legen.
- Mit Tomatensauce übergießen, mit Käse bestreuen und im Backrohr etwa 10 Minuten bei 200 Grad überbacken.

VARIATIONEN

- Nicht überbacken, sondern die Pfannkuchen sofort mit heißer Tomatensauce und Käse bestreut servieren.
- Mit Spinat oder Mangold füllen.

Lauchquiche

Hirsepfannkuchen mit Wirsing

HIRSEAUFLAUF MIT GEMÜSE

Für 4 Personen

ZUTATEN

- 200 g Hirse
- 500 g Wasser
- Vollmeersalz
- 1 Lorbeerblatt
- etwas Rosmarin
- 25 g Butter
- 500 g Gemüse (Karotten, Zucchini, Broccoli, Porree, Paprikaschoten)
- 2 Eier
- 200 g Sahne oder Sauerrahm
- 1 Knoblauchzehe, gehackt
- Kräutersalz
- Muskatnuss, gerieben
- 80 g Parmesan oder würziger Käse, gerieben
- Butterflöckchen zum Belegen

ZUBEREITUNG

- Die Hirse mit Wasser, Salz, Lorbeerblatt und Rosmarin zum Kochen bringen und auf kleiner Flamme 10 Minuten kochen.
- Vom Herd nehmen und zugedeckt noch 10 Minuten quellen lassen.
- Die Butter dazugeben.
- Das gewaschene Gemüse in Würfel schneiden und bissfest dämpfen. Dann mit der Hirse vermischen.
- Die Masse in eine gebutterte Auflaufform füllen.
- Für den Guss die Eier mit Sahne oder Sauerrahm, Knoblauch, Salz, Muskat und ¾ vom Käse verquirlen. Über die Hirse gießen, mit dem restlichen Käse bestreuen und die Butterflöckchen darüber verteilen.
- Im vorgeheizten Backrohr bei 200 Grad 20–30 Minuten überbacken.

TIEREIWEISSFREI

Eier und Käse weglassen und 250 g Sahne oder Sauerrahm verwenden.

HARTWEIZEN-SPINATSPATZLEN

Für 4 Personen

ZUTATEN

- 200 g frischer Spinat
- 2 Eier
- Vollmeersalz
- Pfeffer aus der Mühle
- Muskatnuss, gerieben
- 100–200 g Wasser (hängt von der Konsistenz des Spinats ab)
- 250 g Hartweizen, fein gemahlen
- 50 g Weizen, fein gemahlen

ZUBEREITUNG

- Den gewaschenen Spinat kurz dämpfen und pürieren.
- Eier, Salz, Pfeffer, Muskatnuss und Wasser dazugeben und gut verrühren.
- Das Mehl einrühren.
- Der Teig sollte mittelfest sein. Etwa 30 Minuten ruhen lassen.
- Nun den Teig durch den Spatzlhobel ins kochende Salzwasser hobeln, umrühren, einmal aufkochen lassen und sofort abseihen.
- Mit zerlassener Butter und Parmesan, Sahnesauce, Käsesauce oder Tomatensauce servieren.

VARIATIONEN

- Nur Hartweizenmehl oder nur Weizenvollkornmehl verwenden.
- VOLLKORNSPATZLEN: 300 g Weizen fein gemahlen (auch gemischt mit Hartweizen), 2–3 Eier, Vollmeersalz, Muskatnuss, 2 Esslöffel Olivenöl, Wasser nach Bedarf (etwa 200 g). Alle Zutaten zu einem Spatzlteig verrühren. Etwa 30 Minuten ruhen lassen.

TIEREIWEISSFREI

1. Den Spinatspatzlteig ohne Eier anrühren – etwas fester lassen.
2. BUCHWEIZENSPATZLEN: 150 g Dinkel und 150 g Buchweizen, fein gemahlen, 200–250 g Wasser, Vollmeersalz, 2 Esslöffel Öl, Muskatnuss, gerieben. Alle Zutaten zu einem Spatzlteig verrühren. Etwa 30 Minuten ruhen lassen.

Hirseauflauf mit Gemüse

CHAMPIGNONLAIBCHEN

Für 4 Personen

ZUTATEN

- 1 Zwiebel, fein gehackt
- 500 g Champignons
- 1 kleiner Lauch
- 1–2 Knoblauchzehen, fein gehackt
- Kräutersalz
- 200 g Wasser-Sahnegemisch (150 g Wasser und 50 g Sahne)
- 200 g Dinkel, fein gemahlen
- 2 Eier
- Muskatnuss, gerieben
- Öl zum Braten

ZUBEREITUNG

- Die Zwiebel in wenig Fett kurz andünsten, die blättrig geschnittenen Champignons und den in Streifen geschnittenen Lauch zufügen, mit Knoblauch und Salz würzen und etwas dünsten lassen.
- Die Flüssigkeit abseihen.
- Das Wasser-Sahnegemisch mit Mehl, Eiern, Muskatnuss und Salz in einer Schüssel gut verrühren und etwas quellen lassen.
- Die Champignons unterrühren.
- In einer Pfanne bodenbedeckt Öl erhitzen und 1–2 Esslöffel Teig hineingeben.
- Zugedeckt auf beiden Seiten hellbraun backen.
- Mit grünem Salat oder einer Sauce servieren.

KÄSEWÄHE

Für 4–6 Personen – ergibt 1 Backblech

ZUTATEN

- 400 g Weizen, fein gemahlen
- 1 TL Vollmeersalz
- 25 g Hefe
- 200–250 g Wasser

BELAG

- etwa 100 g passierte Tomaten
- 250 g Käse (Emmentaler, Zillertaler)
- 2 Eier
- 200 g Sauerrahm
- 150 g Crème fraîche
- 1 TL Kräutersalz
- Pfeffer aus der Mühle
- Muskatnuss, gerieben
- 1 EL Kümmel

ZUBEREITUNG

- Das Mehl in eine Schüssel geben und salzen.
- Die Hefe im Wasser auflösen, mit dem Mehl zu einem glatten Teig verkneten und zugedeckt an einem warmen Ort gehen lassen, bis sich das Volumen verdoppelt hat.
- Anschließend den Teig ausrollen und auf ein gefettetes Backblech legen.
- Den Teig mit den passierten Tomaten bestreichen.
- Den Käse fein reiben und mit Eiern, Sauerrahm, Crème fraîche, Salz, Pfeffer und Muskat vermischen. Diese Mischung auf den Teig verteilen und mit Kümmel bestreuen.
- Bei 200 Grad etwa 30 Minuten backen.

GRÜNKERNLAIBCHEN

Ergibt 12 Laibchen

ZUTATEN

- 160 g Grünkern, mittelfein geschrotet
- 350 g Wasser
- Vollmeersalz
- 1 kleines Ei
- 40 g Haselnüsse, gerieben
- 40 g Parmesan, gerieben
- ½ Zwiebel, fein gehackt
- 1 EL Petersilie, fein gehackt
- 1 TL Majoran
- 1 EL Butter
- Pfeffer aus der Mühle
- Samenöl zum Braten

ZUBEREITUNG

- Den Grünkern in das gesalzene, kochende Wasser einrühren. 1 Minute aufkochen lassen, vom Herd nehmen und dann zugedeckt 15 Minuten quellen lassen.
- Alle restlichen Zutaten unter den Grünkern mischen und mit feuchten Händen Laibchen formen.
- In heißem Samenöl auf beiden Seiten hellbraun braten.
- Mit grünem Salat, einer Sauce oder einem Gemüsegericht servieren.

TIEREIWEISSFREI

Die Laibchen ohne Ei und Parmesan zubereiten.

GRÜNKERNKNÖDEL

Für 4 Personen

ZUTATEN

- 500 g Wasser
- Kräutersalz
- 1 Lorbeerblatt
- 250 g Grünkern, mittelfein geschrotet
- 2 kleine Eier
- ½ TL Majoran
- 1 Msp. Paprikapulver
- 2 Knoblauchzehen, fein gehackt
- 1 EL Petersilie, fein gehackt

WEITERES

- 50 g zerlassene Butter
- 2 EL Parmesan, gerieben

ZUBEREITUNG

- Das Wasser mit Kräutersalz und Lorbeerblatt zum Kochen bringen, den Grünkernschrot einrühren, kurz aufkochen, vom Herd nehmen und zugedeckt 15 Minuten quellen lassen.
- Das Lorbeerblatt entfernen. Die Eier und Gewürze untermischen und kleine Knödel formen.
- Ins kochende Salzwasser geben und 5–10 Minuten ziehen lassen.
- Mit zerlassener Butter und Parmesan servieren.

Für 4 Personen

ZUTATEN

- 300 g Vollkornweizenbrot, würfelig geschnitten
- 200–300 g Wasser
- 1 Karotte
- 1 kleiner Lauch
- 1 Zwiebel, fein gehackt
- 2 EL Öl zum Anbraten
- 1 Knoblauchzehe, fein gehackt
- 2 Eier
- 2 EL Weizen, fein gemahlen
- Kräutersalz
- Pfeffer aus der Mühle
- 2 EL Petersilie oder Schnittlauch, fein geschnitten

WEITERES

- 50 g zerlassene Butter
- 2 EL Parmesan, gerieben
- 2 EL Schnittlauch

GEMÜSEKNÖDEL

ZUBEREITUNG

- Die Brotwürfelchen mit dem Wasser 30 Minuten quellen lassen.
- Das Gemüse klein würfelig schneiden.
- Die Zwiebel in Öl kurz andünsten.
- Gemüse und Knoblauch zufügen und bissfest dünsten. Alles zum Brot geben.
- Die restlichen Zutaten unter den Knödelteig mischen. Nach Bedarf noch etwas Wasser zufügen.
- Den Teig 15 Minuten rasten lassen, dann mit nassen Händen Knödel formen.
- In kochendes Salzwasser einlegen und etwa 10–15 Minuten leicht köcheln lassen oder die Knödel über Dampf kochen.
- Mit zerlassener Butter, Parmesan und Schnittlauch servieren.

Für 4 Personen

ZUTATEN

- 200 g Dinkel, fein gemahlen
- 120 g Butter
- 100 g Sauerrahm
- 1 Prise Vollmeersalz

FÜLLUNG

- 100 g Lauch
- 100 g Zucchini
- 300 g Champignons
- ½ rote Paprikaschote
- 1 Zwiebel, fein gehackt
- 1–2 EL Butter oder Öl
- 40 g Weißwein
- Vollmeersalz
- Pfeffer aus der Mühle
- Curry
- 1 Knoblauchzehe, fein gehackt
- 40 g würziger Käse, gerieben

WEITERES

zerlassene Butter oder 1 Ei zum Bestreichen

CHAMPIGNONSTRUDEL

TEIG

- Alle Zutaten in einer Schüssel mischen und zu einem glatten Teig verkneten. Zugedeckt im Kühlschrank etwa 2 Stunden rasten lassen.

FÜLLUNG

- Den Lauch in feine Streifen schneiden und die Zucchini in Stifte hobeln.
- Die Champignons putzen und blättrig schneiden.
- Die Paprikaschote in Würfel schneiden.
- Die Zwiebel im Fett kurz andünsten. Das Gemüse zur Zwiebel geben und kurz dünsten. Mit Weißwein ablöschen, einkochen lassen, mit Salz, Pfeffer, Curry und Knoblauch würzen und dünsten lassen. Den Käse zufügen.

FERTIGSTELLUNG

- Die Hälfte des Teiges auf einem Küchentuch dünn zu einem Rechteck ausrollen. Die Hälfte der Füllung verteilen und mit Hilfe des Tuches einrollen. Den zweiten Strudel genauso zubereiten.
- Die Strudel auf ein leicht bemehltes Backblech legen, mit zerlassener Butter oder mit Ei bestreichen und bei 180 Grad etwa 30 Minuten backen. Mit einer Sauce servieren.

VARIATIONEN

- SPINATSTRUDEL: 1 fein gehackte Zwiebel in Butter andünsten, 700 g fein geschnittenen Spinat oder Mangold zufügen, mit Weißwein löschen und mit Salz, Pfeffer, Knoblauch und Muskatnuss würzen. 1–2 Esslöffel Weizenmehl zufügen und dünsten lassen. Etwas auskühlen lassen, 50 g geriebenen Käse untermischen und die Strudel damit füllen.
- SAUERKRAUTSTRUDEL: Den Strudel mit gedünstetem Sauerkraut (etwa 700 g) füllen.

Gemüseknödel

Spinatstrudel mit Paprikasauce (Seite 104)

LINSENRÖSTLINGE MIT SESAMKRUSTE

Ergibt 8–10 Stück

ZUTATEN

- 60 g braune Linsen
- 200 g Kartoffeln
- 1 kleine Zwiebel, fein gehackt
- 1 Knoblauchzehe, fein gehackt
- 1 EL Butter oder Öl
- je 50 g Karotte und Selleriestange, in kleine Würfel geschnitten
- 2 EL Petersilie, fein gehackt
- 1 TL Currypulver
- Vollmeersalz
- 2 Eigelb

WEITERES

- 2–3 EL Weizen, fein gemahlen
- 1 Eiweiß
- 50 g Sesamsamen
- Öl oder Butter zum Braten

ZUBEREITUNG

- Die Linsen in 300 g Wasser einige Stunden einweichen.
- Im selben Wasser knapp 10 Minuten weich kochen und abseihen.
- Die Kartoffeln kochen, schälen und passieren.
- Zwiebel und Knoblauch im Fett andünsten, Karotte und Sellerie dazugeben und dünsten lassen.
- Linsen, Petersilie, Currypulver und Salz zufügen und mischen.
- Das Eigelb unter die Kartoffeln mischen, Linsengemüse dazugeben, gut vermengen und nochmals abschmecken.
- Längliche Laibchen formen, leicht mehlen, durch das aufgeschlagene Eiweiß ziehen und im Sesam wenden.
- In heißem Fett auf beiden Seiten goldgelb braten.

SELLERIESCHNITZEL

Für 4 Personen

ZUTATEN

- 400 g Sellerieknolle
- Vollmeersalz
- 1 Zitrone
- 100 g Weizen, fein gemahlen
- 2 kleine Eier
- 150 g Vollkornbrösel
- Samenöl zum Braten

ZUBEREITUNG

- Die Sellerieknolle waschen und gut bürsten, leicht schälen und in 1 cm dicke Scheiben schneiden. In einem Topf bissfest dämpfen.
- Mit Salz und etwas Zitronensaft würzen.
- Die Selleriescheiben mit Vollkornmehl, verquirlten Eiern und Vollkornbröseln panieren.
- In einer Pfanne bodenbedeckt Samenöl erhitzen und die Sellerieschnitzel auf beiden Seiten goldgelb braten.
- Mit einem Stück Zitrone servieren.
- Dazu passen Salzkartoffeln oder Kartoffelpüree.

TIEREIWEISSFREI

Die Schnitzel nicht im Ei, sondern in Sahne wenden.

Linsenröstlinge mit Sesamkruste
Bohnen-Lauchgratin (Seite 96)
Zucchininudeln auf Paprikapüree (Seite 101)

Für 4 Personen

BUCHWEIZENAUFLAUF

ZUTATEN

- 200 g Buchweizen, ganz
- 400 g Wasser
- 1 Lorbeerblatt
- 2 Gewürznelken
- 1 TL Suppenwürze
- 25 g Butter
- 1 große Zwiebel, fein gehackt
- 1 EL Öl
- 2 Karotten
- 250 g Staudensellerie
- 250 g Champignons
- 2 Eier
- 200 g Crème fraîche, Sauerrahm oder Sahne
- 1 TL Majoran
- 1 Knoblauchzehe, fein gehackt
- Vollmeersalz
- Pfeffer aus der Mühle
- 50 g würziger Käse, gerieben

ZUBEREITUNG

- Den Buchweizen im Wasser mit Lorbeer, Gewürznelken und Suppenwürze 10 Minuten leicht köcheln lassen, vom Herd nehmen und zugedeckt 10 Minuten quellen lassen. Dann die Butter zufügen.
- Die Zwiebel in Öl kurz andünsten. Das gewürfelte Gemüse und die Champignons zufügen und dünsten lassen.
- Die Eier mit Crème fraîche, Sauerrahm oder Sahne verrühren, Majoran, Knoblauch, Salz und Pfeffer zufügen und mit Buchweizen und Gemüse mischen.
- In eine gefettete Auflaufform geben, mit Käse bestreuen und im Backrohr bei 200 Grad 20–30 Minuten überbacken.

Für 4 Personen

LAUCHRISOTTO MIT GORGONZOLA

ZUTATEN

- 300 g Vollkornreis
- 600 g Wasser
- Vollmeersalz
- 500 g Lauch
- 1 Zwiebel, fein gehackt
- 1 Knoblauchzehe, gehackt
- 2 EL Öl oder Butter
- 50 g Weißwein
- 100 g Gorgonzola
- 50 g Sahne
- 50 g Parmesan, gerieben
- 1 EL Zitronensaft
- 5–6 Basilikumblätter, in Streifen geschnitten

ZUBEREITUNG

- Den Reis mit dem Wasser zum Kochen bringen und bei kleiner Flamme 20 Minuten leicht köcheln lassen.
- Dann salzen und weitere 10 Minuten kochen lassen.
- Den Lauch putzen, waschen und in 1 cm breite Streifen schneiden.
- Zwiebel und Knoblauch im Fett kurz andünsten, den Lauch zufügen, mit Weißwein ablöschen, salzen und dünsten lassen.
- Alles unter den Reis mischen, Gorgonzola, Sahne, einen Teil vom Parmesan untermischen und nochmals aufkochen lassen. Vom Herd nehmen und zugedeckt 10 Minuten quellen lassen.
- Zitronensaft und Basilikum untermischen und mit Parmesan bestreut servieren.

VARIATION

- Zwiebel, Knoblauch, Lauch, Weißwein und Salz nach 20 Minuten Kochzeit unter den Reis mischen und weitere 10 Minuten kochen lassen. Dann die restlichen Zutaten untermischen, aufkochen lassen, vom Feuer nehmen und 10 Minuten quellen lassen.

Buchweizenauflauf

Lauchrisotto mit Gorgonzola

SAFRANREIS

Für 4 Personen

ZUTATEN

- 400 g Vollkornreis
- 800 g Wasser
- 1 Zwiebel, fein gehackt
- Vollmeersalz
- 2 Pkg. Safranpulver (1,2 g)
- 40 g Butter
- 70–100 g Sahne
- Pfeffer aus der Mühle
- 6–8 EL Parmesan, gerieben

ZUBEREITUNG

- Den Reis mit dem Wasser aufkochen und 20 Minuten leicht köcheln lassen.
- Dann Zwiebel und Salz zufügen und noch 10 Minuten kochen lassen.
- Das Safranpulver in sehr wenig Wasser auflösen, zum Reis geben und gut verrühren.
- Die Butter und Sahne zufügen, vom Herd nehmen und zugedeckt noch 10 Minuten quellen lassen.
- Mit Pfeffer und Parmesan abschmecken.

VARIATION

- Den Reis mit Gemüse oder Pilzen zubereiten. Dazu das Gemüse oder die Pilze nach 20 Minuten Kochzeit unter den Reis rühren und wie oben beschrieben weiterkochen.

PALATSCHINKEN MIT SPINAT

Für 4 Personen

FÜLLE

- 600 g Spinat
- 1 Zwiebel, fein gehackt
- 1 Knoblauchzehe, gehackt
- 2 EL Butter oder Öl
- Vollmeersalz
- Pfeffer aus der Mühle
- Muskatnuss, gerieben

PALATSCHINKEN

- 500 g Milch (oder 400 g Wasser und 100 g Sahne)
- 3 Eier
- Vollmeersalz
- 250 g Weizen, fein gemahlen
- Öl oder Butter zum Backen

ZUBEREITUNG FÜLLE

- Den Spinat waschen, gut abtropfen lassen und in feine Streifen schneiden.
- Die Zwiebel in Butter oder Öl andünsten, den Spinat zufügen, mit den restlichen Zutaten abschmecken und auf kleiner Flamme dünsten lassen.

ZUBEREITUNG PALATSCHINKEN

- Die Flüssigkeit in eine Schüssel geben, die Eier zufügen und gut verrühren.
- Salz und Mehl unterrühren.
- Den Teig etwa 30 Minuten quellen lassen.
- Etwas Öl in einer kleinen Pfanne erhitzen und kleine Palatschinken backen.

FERTIGSTELLUNG

- In jeden Palatschinken etwas Spinatfülle streichen und zusammenrollen.

VARIATIONEN

- Palatschinken mit Spinat und etwas Béchamelsauce füllen und mit Tomatensauce servieren.
- Palatschinken mit Spinat füllen und in eine gebutterte Form schichten. Mit Butterflöckchen bestreuen, etwas Tomatensauce darüber verteilen und dann im Rohr überbacken. Nach Geschmack noch mit heißer Tomatensauce servieren.
- Palatschinken mit Marmelade füllen.

TIEREIWEISSFREI

200 g Dinkel und 100 g Buchweizen, fein gemahlen, Vollmeersalz, 2 Esslöffel Öl, 500 g Wasser und 100 g Sahne. Alles zu einem Teig verrühren und etwas quellen lassen. In heißem Öl Palatschinken backen.

Salbeigrießknödelchen

SALBEIGRIESSKNÖDELCHEN

Für 4 Personen

ZUTATEN

- 500 g Milch (oder 350 g Wasser und 150 g Sahne)
- 50 g Butter
- Vollmeersalz
- Muskatnuss, gerieben
- 200 g Hartweizen, zu mittelfeinem Grieß gemahlen
- 1 Ei
- 2 EL Salbeiblätter, gehackt

WEITERES

- 1–2 Tomaten, in Würfel geschnitten
- 4 Salbeiblätter, fein gehackt
- 1 EL Butter

ZUBEREITUNG

- Die Flüssigkeit mit Butter, Salz und Muskatnuss zum Kochen bringen.
- Den Grieß einrieseln lassen, umrühren und 5 Minuten leicht kochen lassen.
- Etwas abkühlen lassen, das Ei und die Salbeiblätter unter die Masse heben und 30 Minuten ziehen lassen.
- Mit feuchten Händen kleine Knödel formen und in leicht kochendem Salzwasser ziehen lassen, bis sie an der Oberfläche schwimmen. Sofort herausnehmen.
- Die Tomaten und Salbeiblätter in Butter kurz andünsten und mit den Knödeln servieren.

VARIATIONEN

- Die Knödel mit zerlassener Butter und Parmesan servieren.
- Als Beilage ein Gemüse servieren.

TIEREIWEISSFREI

Die Knödel ohne Ei zubereiten und nicht im Salzwasser kochen.

VOLLKORNPOLENTA MIT KRÄUTERN

Für 4 Personen

ZUTATEN

- 900 g Wasser
- Vollmeersalz
- 200 g Polentamais, frisch gemahlen
- 50 g Butter
- etwas Rosmarin, Salbei, Thymian
- 4 EL Parmesan, gerieben

ZUBEREITUNG

- Das Wasser zum Kochen bringen, salzen und das Polentamehl einrühren.
- 1 Minute aufkochen lassen, vom Herd nehmen und zugedeckt 30–40 Minuten quellen lassen.
- Die Butter mit den fein gehackten Kräutern zergehen lassen und unter die Polenta rühren.
- Mit Parmesan servieren.

VARIATIONEN

- Die Kräuterbutter abgeseiht unter die Polenta rühren.
- Eine Zwiebel in Ringe schneiden, in Butter leicht dünsten und auf die Polenta geben.
- Anstelle von Butter Olivenöl untermischen.

TIEREIWEISSFREI

Den Parmesan weglassen.

ZUCCHINIKUCHEN

Für 4 Personen – ergibt 1 runde Kuchenform

ZUTATEN

- 250 g Weizen, fein gemahlen
- 1 Ei
- 80 g Butter
- Vollmeersalz
- 1 TL Naturbackpulver
- 80–100 g Wasser

BELAG

- 400 g Zucchini
- 1 Zwiebel, fein gehackt
- 1 EL Öl
- 1 Knoblauchzehe, fein gehackt
- Vollmeersalz
- 2 Eier
- 80 g Sahne oder Sauerrahm
- 80 g würziger Käse, gerieben
- 1 EL Zitronensaft
- Muskatnuss, gerieben
- 1 EL Schnittlauch oder Petersilie, fein geschnitten

ZUBEREITUNG

- Aus Mehl, Ei, Butter, Salz, Backpulver und Wasser einen geschmeidigen Teig kneten und kurz rasten lassen.
- Die Zucchini in kleine Würfel schneiden.
- Die Zwiebel in Öl andünsten. Die Zucchini zufügen, Salz und Knoblauch dazugeben und bissfest dünsten. Abkühlen lassen.
- Den Teig ausrollen und in eine runde Kuchenform legen.
- Die Eier mit Sahne, ⅔ vom Käse und Zitronensaft, Salz, Muskat, Schnittlauch oder Petersilie verquirlen und mit dem Zucchinigemüse vermischen.
- Auf den Teig verteilen, mit dem restlichen Käse bestreuen und im Rohr bei 200 Grad etwa 30 Minuten backen.

Überbackene Grießlaibchen

Für 4 Personen

ZUTATEN

- 700 g Milch (oder 550 g Wasser mit 150 g Sahne)
- Vollmeersalz
- 200 g Hartweizen, zu mittelfeinem Grieß gemahlen
- 40 g Butter
- 40 g Parmesan, gerieben
- 1 Eigelb
- Muskatnuss, gerieben

WEITERES

- 300 g Tomatensauce
- 20 g Parmesan
- 20 g Butter zum Überbacken

ÜBERBACKENE GRIESSLAIBCHEN

ZUBEREITUNG

- Die Flüssigkeit mit Salz zum Kochen bringen und den Hartweizengrieß einrühren. Einmal aufkochen lassen. Vom Herd nehmen.
- Butter und Parmesan, Eigelb und Muskat unter die Masse rühren.
- Diese auf einem feuchten Backblech 1½ cm dick ausstreichen und vollständig auskühlen lassen.
- Kreise ausstechen und in eine gebutterte Auflaufform schichten.
- Die Tomatensauce über die Grießschnitten verteilen, mit Parmesan und Butter bestreuen und im Backrohr bei 175 Grad 20–30 Minuten überbacken.

VARIATIONEN

- Die Laibchen in der Pfanne mit Öl auf beiden Seiten goldgelb braten und mit Tomatensauce servieren.
- Die Laibchen nur mit Butter und Parmesan überbacken und mit geschmolzenen Tomaten (2–3 Tomaten in Würfel schneiden und in Olivenöl und Knoblauch kurz erhitzen) servieren.

TIEREIWEISSFREI

Keinen Parmesan und kein Eigelb zufügen, dafür aber gut würzen.

VOLLKORNGRIESSNOCKEN

Für 4 Personen (als Suppeneinlage)

ZUTATEN

- 40 g Butter
- 1 Ei
- 75 g Hartweizen, zu feinem Grieß gemahlen
- Vollmeersalz
- Muskatnuss, gerieben

ZUBEREITUNG

- Die weiche Butter etwas rühren, das zimmertemperaturwarme Ei dazugeben und gut verrühren.
- Den Grieß, Salz und Muskat zufügen und den Teig 5 Minuten quellen lassen.
- Kleine Nocken formen und ins kochende Salzwasser oder in Gemüsebrühe einlegen.
- Etwa 10 Minuten auf kleiner Flamme leicht köcheln lassen, dann abschalten und noch 15–20 Minuten ziehen lassen.
- Die Nocken in der Suppe servieren.

TIPPS

- Wenn die Nocken als Hauptgericht serviert werden, die Zutaten verdoppeln.
- Die Nocken mit zerlassener Butter und Parmesan servieren.

GETREIDE-KAROTTENLAIBCHEN

Für 4 Personen

ZUTATEN

- 400–450 g Wasser
- 1 TL Suppenwürze
- je 70 g Grünkern, Weizen, Hafer, mittelfein geschrotet
- 1 mittlere Zwiebel, fein gehackt
- 20 g Butter
- 150 g Karotten
- 1 kleines Ei (muss nicht sein)
- je 1 EL Petersilie und Schnittlauch, fein geschnitten
- ½ TL Majoran
- Pfeffer aus der Mühle
- Vollmeersalz
- Öl zum Braten

ZUBEREITUNG

- Das Wasser mit Salz und Suppenwürze aufkochen, den Schrot einrühren und einmal aufkochen lassen. Vom Herd nehmen und zugedeckt 10 Minuten quellen lassen.
- Die Zwiebel in der Butter andünsten, die fein geraspelten Karotten zufügen und kurz dünsten.
- Die Karotten mit dem Getreide mischen und abkühlen lassen.
- Das Ei und die Kräuter untermengen, mit den Gewürzen abschmecken und Laibchen formen.
- In Öl auf beiden Seiten braten.
- Mit grünem Salat, einer Sauce oder einem Gemüsegericht servieren.

TIEREIWEISSFREI

Das Ei weglassen.

Blumenkohl mit Pinienkernen (Seite 98)
Getreide-Karottenlaibchen

Für 4 Personen

VOLLKORNPIZZA

ZUTATEN

- 500 g Weizen oder Dinkel, fein gemahlen
- 1 TL Vollmeersalz
- 4 EL Olivenöl
- 300–350 g Wasser
- 25 g Hefe

BELAG

- etwa 350 g passierte Tomaten
- 400 g Mozzarella, klein geschnitten
- 500–600 g frisches Gemüse (Zucchini, Melanzane, Paprikaschoten ...)
- Vollmeersalz
- Origano
- nach Geschmack Zwiebel, Knoblauch, Kapern, Oliven
- Olivenöl zum Beträufeln

ZUBEREITUNG

- Mehl, Salz und Öl in eine Schüssel geben.
- Die Hefe im lauwarmen Wasser auflösen, zum Mehl gießen und einen geschmeidigen Teig kneten.
- Zugedeckt an einem warmen Ort gehen lassen, bis er doppelt so hoch ist.
- Den Teig auf eine bemehlte Arbeitsfläche geben, kleine Portionen abstechen und zu runden Scheiben ausrollen. Auf ein befettetes oder bemehltes Backblech legen.
- Es kann aber auch das ganze Blech mit dem Teig ausgelegt werden.
- Auf dem Teig die passierten Tomaten gut verstreichen, mit Käse und Gemüse belegen.
- Etwas Salz und Origano darüberstreuen und im vorgeheizten Backrohr bei 200–220 Grad je nach Größe und Dicke 10–20 Minuten backen.
- Vor dem Servieren mit Olivenöl beträufeln.

TIEREIWEISSFREI

Keinen Käse verwenden, dafür mit etwas mehr Tomatensauce und viel Gemüse belegen.

Für 4 Personen

TOPFEN-KRÄUTERGNOCCHI

ZUTATEN

- 400 g Topfen oder Ricotta
- 250 g Weizen oder Dinkel, fein gemahlen
- 90 g Butter
- 2 Eier
- Vollmeersalz
- Muskatnuss, gerieben
- 3–4 EL Schnittlauch, Petersilie, Basilikum, Thymian fein gehackt

WEITERES

- Tomatensauce oder Butter und Parmesan zum Servieren

ZUBEREITUNG

- Alle Zutaten zu einem Teig verkneten und etwa 30 Minuten im Kühlschrank rasten lassen.
- Aus dem Teig mit etwas Mehl Rollen formen und kleine Stücke abschneiden.
- Die Gnocchi ins kochende Salzwasser geben, aufkochen, kurz ziehen lassen und mit der Schaumkelle herausnehmen.
- Mit Tomatensauce oder zerlassener Butter und Parmesan servieren.

VARIATION

- Die Gnocchi auf Paprikagemüse servieren. Dazu eine rote und gelbe Paprikaschote in kleine Würfel schneiden und mit 2 in Scheiben geschnittenen Knoblauchzehen in wenig Butter andünsten. Salzen, mit Weißwein ablöschen und dünsten lassen.

Vollkornpizza

Topfen-Kräutergnocchi

Für 4 Personen

ZWETSCHGENKNÖDEL

ZUTATEN

- 600 g Kartoffeln, mehlig
- Vollmeersalz
- 2 Eigelb
- 180 g Weizen, fein gemahlen
- 20 g Butter, zerlassen

WEITERES

- 16 Zwetschgen
- 100–150 g Vollkornbrösel
- 1 TL Zimtpulver
- 60–80 g Butter, zerlassen
- 1 EL Akazienhonig

ZUBEREITUNG

- Die Kartoffeln mit der Schale gar dämpfen, noch heiß schälen und passieren. Etwas auskühlen lassen und mit Salz, Eigelb, Mehl und Butter zu einem Teig verkneten.
- Aus dem Teig kleinere Stücke abstechen, flach drücken, eine Zwetschge daraufsetzen und mit dem Teig umhüllen.
- Die Knödel ins kochende Salzwasser geben, aufkochen und dann 10 Minuten ziehen lassen.
- Brösel mit Zimtpulver (dies kann auch weggelassen werden) mit 1 Esslöffel Butter leicht bräunen und die Knödel darin wälzen.
- Die restliche Butter zergehen lassen, den Honig zufügen und über die Knödel gießen. Sofort servieren.

VARIATIONEN

- Marillenknödel: Statt der Zwetschgen verwenden Sie Marillen.
- Topfenknödel: 300 g Topfen oder Ricotta, 200 g Weizen oder Dinkel, fein gemahlen, 75 g Butter, 2 kleine Eier, Vollmeersalz. Alle Zutaten zu einem Teig verkneten und etwa 30 Minuten im Kühlschrank rasten lassen. Aus dem Teig kleinere Stücke abstechen, flach drücken, eine Marille oder Zwetschge daraufsetzen und mit dem Teig umhüllen.
- Topfenknödel mit Lauchfüllung: Die Topfenknödel können auch mit Lauchfüllung (siehe Teigtaschen – nur ½ Füllung verwenden) zubereitet werden. Mit flüssiger Butter und geriebenem Parmesan servieren.

Für 4 Personen

KARTOFFELKNÖDEL MIT KÄSEFÜLLUNG

ZUTATEN

- 700 g Kartoffeln, mehlig
- 1 Zwiebel, fein gehackt
- 1 EL Butter
- 150 g Weizen, fein gemahlen
- 1 Ei
- 2 Eigelb
- Vollmeersalz

WEITERES

- 150 g würziger Käse, in Würfel geschnitten
- Butter zum Schmälzen
- 2 EL Parmesan zum Bestreuen

ZUBEREITUNG

- Die Kartoffeln mit der Schale dämpfen, noch heiß schälen und sofort passieren. Etwas auskühlen lassen.
- Die Zwiebel in Butter leicht andünsten, zu den Kartoffeln geben und mit den restlichen Zutaten zu einem Teig verkneten.
- Auf einer bemehlten Arbeitsfläche aus dem Teig kleinere Stücke abstechen, Kugeln formen, flach drücken, einen Käsewürfel daraufsetzen und mit dem Teig umhüllen.
- Die Knödel ins kochende Salzwasser geben, aufkochen und etwa 5 Minuten ziehen lassen. Mit der Schaumkelle herausnehmen.
- Mit zerlassener Butter und Parmesan bestreut sofort servieren.

VARIATIONEN

- Die Kartoffelknödel mit Tomatenwürfeln (diese kurz in Butter andünsten, salzen) oder mit Salbeibutter (siehe Seite 105) servieren.
- Die gedünstete Zwiebel kann man auch weglassen.
- Mit Mascarpone- oder Topfenfüllung: 160 g Mascarpone oder Topfen mit Kräutersalz und 2 Esslöffel geriebenem Parmesan verrühren und die Knödel damit füllen.

Für 4 Personen

ZUTATEN

600 g Kartoffeln
400 g Zucchini
1 EL Butter
Vollmeersalz
100 g Sahne
Pfeffer aus der Mühle
Muskatnuss, gerieben
80 g Käse, gerieben
2 EL Sonnenblumenkerne

KARTOFFEL-ZUCCHINIAUFLAUF

ZUBEREITUNG

- Die Kartoffeln schälen, in etwa 5 mm dicke Scheiben schneiden und bissfest dämpfen.
- Die Zucchini in dünne Scheiben schneiden.
- Eine Auflaufform ausbuttern, Kartoffeln und Zucchini abwechselnd einschichten und salzen.
- Die Sahne mit Pfeffer und Muskat verrühren und über das Gemüse gießen.
- Käse und Sonnenblumenkerne darüberstreuen.
- Bei 200 Grad 20–25 Minuten überbacken.

VARIATION

- Kartoffeln und Zucchini abwechselnd mit zwei Tomaten (in Scheiben geschnitten) in eine Form schichten. Würzen, mit 100 g geriebenem Käse bestreuen und backen.

TIEREIWEISSFREI

Ohne Käse zubereiten. Etwas mehr Sahne verwenden (30–40 g).

Für 4 Personen

KARTOFFELN IM ROHR

ZUTATEN

- 800 g Kartoffeln
- Olivenöl
- Kräutersalz
- 2 EL Kümmel
- 2 EL Rosmarin, etwas gehackt

ZUBEREITUNG

- Die Kartoffeln gut waschen, bürsten und der Länge nach halbieren.
- Mit der Schnittfläche nach oben auf ein Backblech legen. Eventuell von der bauchigen Seite etwas wegschneiden, damit sie schön auf dem Blech liegen bleiben.
- Mit Olivenöl bepinseln und mit Kräutersalz bestreuen.
- Die Hälfte der Kartoffeln mit Kümmel und die andere Hälfte mit Rosmarin bestreuen.
- Die Kartoffeln im Backrohr bei 180–200 Grad je nach Größe 30–40 Minuten backen.

TIPP

- Dazu passen gut Grillgemüse (siehe Seite 98) und Kräuterquark.

Für 4 Personen

OFENKARTOFFELN MIT PARMESANKRUSTE

ZUTATEN

- 1 kg Kartoffeln
- 150 g Topfen oder Ricotta
- 1–2 TL Senf
- 6–7 EL Parmesan, gerieben
- Vollmeersalz
- Pfeffer aus der Mühle

ZUBEREITUNG

- Die Kartoffeln gut waschen und bürsten.
- Der Länge nach halbieren und über Dampf gar kochen.
- Inzwischen den Topfen mit Senf, Parmesan, Salz und Pfeffer gut vermischen.
- Auf jede Kartoffelhälfte etwas Topfenmasse streichen und auf ein Backblech setzen.
- Im vorgeheizten Backrohr bei 200 Grad etwa 15 Minuten überbacken.

Für 4 Personen

KARTOFFELGNOCCHI

ZUTATEN

- 1 kg Kartoffeln, mehlig
- 300 g Weizen, fein gemahlen
- Vollmeersalz
- Pfeffer aus der Mühle
- Muskatnuss, gerieben
- 20 g Butter, zerlassen
- 1 Ei
- 1 Eigelb

WEITERES

- 200 g Tomatensauce
- 4 EL Parmesan, gerieben

ZUBEREITUNG

- Die Kartoffeln mit der Schale gar dämpfen, noch heiß schälen und sofort passieren.
- Etwas auskühlen lassen und mit den restlichen Zutaten zu einem Teig verkneten.
- Auf einer bemehlten Arbeitsfläche gleichmäßig dicke Rollen formen und kleine Stücke abschneiden. Die Teigstücke können über eine Gabel gerollt werden, damit ein Muster entsteht.
- Die Gnocchi ins kochende Salzwasser geben, aufkochen lassen und mit der Schaumkelle herausnehmen.
- Mit Tomatensauce und Parmesan servieren.

TIPPS

- Die Gnocchi mit zerlassener Butter und Parmesan servieren.
- Mit Salbeibutter oder Käsesauce servieren.

Tomaten mit Hirsefüllung (Seite 100)
Melanzaneröllchen mit Fetafüllung (Seite 100)
Tomaten mit Fetafüllung (Seite 100)
Kartoffeln im Rohr
Ofenkartoffeln mit Parmesankruste

Für 4 Personen

ZUTATEN

- 300 g Hartweizen, fein gemahlen
- 1 Ei
- 2 EL Olivenöl oder Butter
- Vollmeersalz
- etwa 120 g Wasser

VOLLKORNBANDNUDELN

ZUBEREITUNG

- Mit allen Zutaten einen geschmeidigen Teig bereiten und etwa 5 Minuten gut kneten. Der Teig soll nicht zu weich sein. Zugedeckt etwa 30 Minuten rasten lassen.
- Den Teig auf einer bemehlten Arbeitsfläche dünn ausrollen und mit einem Messer dünne Streifen schneiden oder mit der Nudelmaschine Bandnudeln herstellen.
- Reichlich Salzwasser zum Kochen bringen, die Nudeln darin kurz aufkochen lassen und abseihen.
- Mit einer Sauce servieren.

Für 4 Personen

ZUTATEN

- 170 g frischer Spinat
- 300 g Hartweizen, fein gemahlen
- 1 Ei
- Vollmeersalz
- 1 EL kaltgepresstes Olivenöl
- Wasser nach Bedarf

VOLLKORNSPINATNUDELN MIT NUSSBUTTER

ZUBEREITUNG

- Den Spinat waschen und kurz dämpfen. Etwas ausdrücken und fein passieren.
- Das Mehl mit Spinat, Ei, Salz und Olivenöl gut verkneten. Wasser nur beimengen, wenn der Teig zu trocken ist.
- Der Nudelteig sollte eher fest sein, damit die Nudeln nicht miteinander verkleben.
- Den Teig etwa 30 Minuten zugedeckt rasten lassen.
- Auf einer bemehlten Arbeitsfläche dünn ausrollen und in beliebige Formen schneiden oder mit der Nudelmaschine Bandnudeln herstellen.
- Reichlich Salzwasser zum Kochen bringen, die Nudeln darin kurz aufkochen lassen und sofort abseihen.
- Mit Nussbutter (siehe Seite 105) servieren.

TIPPS

- Zum Trocknen die Nudeln einzeln auf ein bemehltes Brett oder Blech legen.
- Die Nudeln mit Tomatensauce, Käsesauce oder Salbeibutter servieren.

TIEREIWEISSFREI

Das Ei weglassen und den Teig sehr fest zubereiten. Bei Bedarf noch Mehl unterkneten.

Vollkornspinatnudeln mit Nussbutter

GEMÜSELASAGNE

Für 4 Personen

NUDELTEIG

- 200 g Hartweizen, fein gemahlen
- Vollmeersalz
- 1 EL Olivenöl
- 100 g lauwarmes Wasser

GEMÜSE

- 600 g gemischtes Gemüse (Karotten, Paprikaschoten, Zucchini, Melanzane, Broccoli)
- 1 Knoblauchzehe, fein gehackt
- Vollmeersalz

BÉCHAMELSAUCE

- 500 g Wasser
- 200 g Sahne
- oder 700 g Milch (anstelle von Wasser und Sahne)
- 140 g Vollkornreis, fein gemahlen
- Vollmeersalz
- Muskatnuss, gerieben
- Pfeffer aus der Mühle

WEITERES

- 500–700 g Tomatensauce
- 1 Zwiebel, fein gehackt
- Vollmeersalz
- Origano
- Parmesan, gerieben
- Butterflöckchen

ZUBEREITUNG NUDELTEIG

- Alle Zutaten zu einem geschmeidigen, eher festen Teig verkneten und zugedeckt etwa 30 Minuten rasten lassen.
- Den Teig dünn ausrollen und rechteckige Lasagneblätter schneiden.

ZUBEREITUNG GEMÜSE

- Das Gemüse waschen, putzen, in Würfel schneiden und bissfest dämpfen oder dünsten. Mit Knoblauch und Salz abschmecken.

ZUBEREITUNG BÉCHAMELSAUCE

- Für die Béchamelsauce das Wasser und die Sahne (oder die Milch) mit dem Reismehl und den restlichen Zutaten gut verrühren und zum Kochen bringen. 1 Minute aufkochen lassen, vom Herd nehmen und zugedeckt mindestens 10 Minuten quellen lassen.

FERTIGSTELLUNG

- Für die Tomatensauce die Zwiebel andünsten, die Tomatensauce zufügen und kurz köcheln lassen. Mit Salz und Origano abschmecken.
- In eine Auflaufform eine Schicht Béchamelsauce geben und eine Lage Nudeln darauflegen.
- Mit Béchamelsauce, Tomatensauce und Parmesan abdecken und ⅓ vom Gemüse darauf verteilen.
- Wiederum Nudeln, Béchamelsauce, Parmesan, Tomatensauce und Gemüse einschichten.
- Noch eine Lage Nudeln darauflegen und mit Béchamelsauce, Gemüse und Tomatensauce abschließen.
- Mit Parmesan, Origano und Butterflöckchen bestreuen und im Backrohr bei 200 Grad etwa 45 Minuten überbacken.

TIEREIWEISSFREI

Keinen Parmesan verwenden und die Béchamelsauce mit dem Wasser-Sahne-gemisch zubereiten.

VOLLKORNTEIGTASCHEN MIT DREIERLEI FÜLLUNGEN

Für 4 Personen

ZUTATEN

- 300 g Hartweizen, fein gemahlen
- 2 Eier
- 2 EL Olivenöl oder Butter
- Vollmeersalz
- etwa 100 g Wasser, lauwarm
- nach Geschmack eine der drei Füllungen verwenden

TOPFENFÜLLUNG

- 200 g gekochte Kartoffeln
- 200 g Ricotta oder Topfen
- Vollmeersalz
- 2 EL Zwiebel, fein gehackt

ZUBEREITUNG

- Mit allen Zutaten einen geschmeidigen Teig herstellen und gut kneten. Der Teig soll nicht zu fest sein. Zugedeckt etwa 30 Minuten rasten lassen.
- Für die Topfenfüllung die Kartoffeln passieren und mit Topfen, Salz und Zwiebel vermischen.
- Für die Lauchfüllung den Lauch waschen, in feine Würfel schneiden und mit Öl kurz dünsten. Mit Mehl binden und mit Kräutersalz, Knoblauch und Parmesan würzen.
- Für die Ziegenkäsefüllung alle Zutaten gut miteinander vermischen.

LAUCHFÜLLUNG

- 400 g Lauch
- 1 EL Öl
- 2 EL Weizen, fein gemahlen
- Kräutersalz
- 1 Knoblauchzehe, fein gehackt
- 3 EL Parmesan, gerieben

ZIEGENKÄSEFÜLLUNG

- 200 g Ricotta
- 60 g Mascarpone
- 100 g Ziegenkäse, hart, gerieben
- 60 g Ziegenkäse, weich
- Kräutersalz
- 2 EL Petersilie

WEITERES

- 50 g Butter zum Schmälzen
- 3–4 EL Parmesan, gerieben

- Den Teig auf einer bemehlten Arbeitsfläche dünn ausrollen und runde Blättchen ausstechen. Einen Teelöffel Fülle draufsetzen und zu Halbmonden zusammendrücken.
- In kochendem Salzwasser etwa 3 Minuten ziehen lassen.
- Mit Butter und Parmesan servieren.

VARIATIONEN

- Mandelbutter: 30–40 g Mandeln in Stifte schneiden und in einer trockenen Pfanne leicht bräunen. 60 g Butter zum Schmelzen bringen, Mandeln dazugeben und über die Teigtaschen gießen.
- Salbeibutter: 60 g Butter mit einigen Salbeiblättern zum Schmelzen bringen und über die Teigtaschen gießen.

BUCHWEIZENSCHMARRN

Für 4 Personen

ZUTATEN

- 250 g Buchweizen, mittelfein geschrotet
- 400 g Milch (oder 300 g Wasser und 100 g Sahne)
- 3 Eier
- 1 Prise Vollmeersalz
- 80 g Akazienhonig
- Butter oder Öl zum Backen

WEITERES

- 300 g Preiselbeermarmelade, mit Honig gesüßt

ZUBEREITUNG

- Das Buchweizenmehl mit der Flüssigkeit verrühren und etwa 30 Minuten quellen lassen.
- Eier, Salz und Honig unterrühren.
- Je eine Schöpfkelle Teig ins mäßig heiße Fett geben und auf beiden Seiten hellbraun ausbacken.
- In Stücke reißen, noch etwas backen und mit Preiselbeermarmelade servieren.

VARIATIONEN

- Einige Minuten bevor der Schmarrn gebacken ist, einen Apfel in kleine Stücke schneiden, untermischen und weiterbacken.
- Der Buchweizenschmarrn kann auch mit einer anderen Marmelade serviert werden.

TIEREIWEISSFREI

Einen Teig aus 250 g Buchweizenschrot, 500 g Wasser-Sahnegemisch (⅔ Wasser und ⅓ Sahne), Salz und 80 g Akazienhonig zubereiten. Etwa 30 Minuten quellen lassen. Je eine Schöpfkelle Teig ins mäßig heiße Fett geben und auf beiden Seiten hellbraun ausbacken. In kleine Stücke reißen und so lange backen, bis der Schmarrn nicht mehr klebrig ist. Dabei immer wieder umrühren.

HIRSEAUFLAUF

Für 4 Personen

ZUTATEN

- 200 g Hirse
- 500 g Wasser
- 1 Zitronenschale, am Stück
- 1 Zimtrinde
- Vollmeersalz
- 40 g Butter
- 2 Äpfel
- 2 Eier
- 150 g Akazienhonig
- 2 Msp. Naturvanille

ZUBEREITUNG

- Die Hirse mit Wasser, Zitronenschale, Zimtrinde und Salz zum Kochen bringen und auf kleiner Flamme 10 Minuten kochen. Vom Herd nehmen und zugedeckt noch 10 Minuten quellen lassen.
- Zitronenschale und Zimtrinde entfernen. Die Butter dazugeben.
- Die Äpfel in dünne Scheiben schneiden.
- Die Eier trennen, das Eigelb mit Honig und Vanillepulver flaumig rühren und unter die Hirsemasse mischen.
- Das Eiweiß sehr steif schlagen und unterheben.
- Die Hälfte der Hirsemasse in eine gebutterte Auflaufform schichten, Äpfel darauf verteilen und die restliche Hirse darübergeben.
- Bei 180 Grad 30–40 Minuten backen.

Für 4 Personen

GRIESSSCHMARRN

ZUTATEN

- 140 g Hartweizen, zu feinem Grieß gemahlen
- 60 g Weizen, fein gemahlen
- 500 g Milch (oder 400 g Wasser und 100 g Sahne)
- 1 Prise Vollmeersalz
- 2 Eier
- 100 g Akazienhonig
- 4 EL Sultaninen
- Butter oder Öl zum Backen

WEITERES

- 200 g Marmelade (mit Honig gesüßt) oder Fruchtsauce als Beilage

ZUBEREITUNG

- Den Grieß und das Mehl mit der Flüssigkeit, Salz, Eiern, Honig und Sultaninen gut verrühren und etwas quellen lassen.
- Nun Butter oder Öl in einer Pfanne erwärmen, portionenweise den Teig auf beiden Seiten hellbraun backen und in kleine Stücke reißen.
- Mit Marmelade oder Fruchtsauce (siehe Seite 159) servieren.

Für 4 Personen

DINKELMUS

ZUTATEN

- 1 l Milch (oder 750 g Wasser und 250 g Sahne)
- 20 g Butter
- 200 g Dinkel, fein gemahlen
- Vollmeersalz

WEITERES

- 50 g Butter
- 30 g Akazienhonig
- Zimt oder Schokoladenpulver nach Geschmack

ZUBEREITUNG

- Die Flüssigkeit mit Butter, Mehl und Salz gut verrühren und unter ständigem Rühren zum Kochen bringen. Einige Minuten unter Rühren köcheln lassen.
- Das Mus auf Teller verteilen.
- Butter und Honig zerlassen und über das Mus gießen.
- Nach Geschmack mit Zimt oder Schokoladenpulver bestreuen.

VARIATION

- Ins Mus 1–2 Esslöffel Honig einrühren.

APFEL-NUSSAUFLAUF

Für 4 Personen

ZUTATEN

- 300 g Äpfel
- 2 EL Zitronensaft
- 3 Eier
- 150 g Akazienhonig
- 1 Msp. Naturvanille
- 2 Msp. Zimtpulver
- 3 EL Nüsse (Haselnüsse, Mandeln), gerieben
- 2 EL Weizen, fein gemahlen
- 100 g Hafer, geschrotet (evtl. auch feine Flocken)

WEITERES

- 200 g Marmelade, mit Honig gesüßt, Frucht- oder Vanillesauce

ZUBEREITUNG

- Die Äpfel waschen, vierteln, vom Kerngehäuse befreien, raspeln und mit Zitronensaft beträufeln.
- Eigelb mit Honig schaumig schlagen. Mit Vanille, Zimt, Nüssen, Mehl und Haferschrot unter die Äpfel rühren.
- Das Eiweiß steif schlagen und unter die Apfelmasse heben.
- In eine gefettete Auflaufform füllen und 20–30 Minuten bei 175 Grad backen.
- Mit Marmelade oder Vanillesauce servieren.

MOHNSOUFFLÉ

Für 4 Personen

ZUTATEN

- 250 g Milch (oder 200 g Wasser und 50 g Sahne)
- 100 g Weizen, fein gemahlen
- 20 g Butter
- Vollmeersalz
- 100 g Mohn, fein gemahlen
- 3 Eier
- 80 g Akazienhonig
- etwas Naturvanille
- 1 Msp. Zitronenschale
- 1 EL Rum
- Butter zum Ausfetten

ZUBEREITUNG

- Die Flüssigkeit mit Mehl verrühren.
- Die Butter zerlassen, Milch, Mehl und Salz zufügen und unter Rühren aufkochen lassen.
- Die Masse etwas erkalten lassen.
- Mohn, Eidotter, Honig, Vanille, Zitronenschale und Rum zufügen.
- Das Eiweiß steif schlagen und unter die Mohnmasse heben.
- In eine weite, gebutterte Auflaufform füllen und bei 160 Grad 40–50 Minuten backen.

Apfel-Nussauflauf
Mohnsoufflé

BLUMENKOHL IN CURRYSAUCE

Für 4 Personen

ZUTATEN

- 500 g Blumenkohl
- 125 g Sahne
- 125 g Sauerrahm
- 1 TL Curry
- Kräutersalz
- Pfeffer aus der Mühle
- 3 EL Parmesan, gerieben

ZUBEREITUNG

- Den Blumenkohl in wenig Salzwasser bissfest garen oder dämpfen.
- Für die Sauce Sahne und Sauerrahm in einen Topf geben, mit den Gewürzen kurz erhitzen, sodass eine cremige Sauce entsteht. Den Parmesan zufügen.
- Den Blumenkohl mit der Sauce übergießen und servieren.

TIEREIWEISSFREI

Den Parmesan weglassen und gut würzen.

BOHNENBÜNDEL AUF TOMATEN-THYMIANSAUCE

Für 4 Personen

ZUTATEN

- 350 g grüne Bohnen
- einige Lauchstreifen
- 300 g Tomatensauce
- 1–2 EL Thymian, gehackt
- Vollmeersalz
- 1–2 EL Olivenöl

ZUBEREITUNG

- Die Bohnen waschen, putzen und mit einem schmalen, genügend langen Lauchstreifen zu 8 Bündeln schnüren.
- Über Dampf gar kochen.
- Die Tomatensauce mit Thymian und Salz kurz kochen lassen und das Öl zufügen.
- Die Sauce auf Teller verteilen und je 2 Bohnenbündel daraufsetzen.

BOHNEN-LAUCHGRATIN (ABB. SEITE 73)

Für 4 Personen

ZUTATEN

- 150 g weiße Bohnen
- 600 g Lauch
- 2 EL Öl
- 2 Knoblauchzehen, gehackt
- Vollmeersalz
- 150 g Sahne
- 2 EL Parmesan

ZUBEREITUNG

- Die Bohnen mindestens 12 Stunden in 1 l Wasser einweichen, dann weich kochen und abseihen.
- Den Lauch putzen, waschen und in 1 cm breite Streifen schneiden.
- Die Lauchstücke in Öl dünsten, Knoblauch dazugeben und salzen.
- Bohnen und Sahne zufügen und in eine flache Auflaufform geben, mit Parmesan bestreuen und bei 200 Grad 15–20 Minuten überbacken.

TIEREIWEISSFREI

Den Parmesan weglassen und gut würzen.

Für 4 Personen

BOHNENGEMÜSE

ZUTATEN

- 200 g weiße Bohnen
- 2 Karotten
- 1 kleiner Lauch
- je 1 rote und grüne Paprikaschote
- 2 EL Öl
- 1 große Zwiebel, gehackt
- 1 große Knoblauchzehe, fein gehackt
- 6 EL Tomatensauce
- Vollmeersalz
- Pfeffer aus der Mühle
- Paprikapulver
- Curry
- –2 EL Petersilie, fein gehackt

ZUBEREITUNG

- Die Bohnen mindestens 12 Stunden in 1 l Wasser einweichen, dann weich kochen und abseihen.
- Karotten, Lauch und Paprikaschoten würfelig schneiden.
- Die Zwiebel in Öl kurz andünsten.
- Gemüse, Knoblauch, Bohnen und Tomatensauce dazugeben und etwa 20 Minuten kochen lassen.
- Bei Bedarf noch Wasser hinzufügen.
- 5 Minuten vor Ende der Garzeit die Gewürze dazugeben.
- Mit Petersilie servieren.

Für 4 Personen

BROCCOLI MIT MANDELBUTTER

ZUTATEN

- 600 g Broccoli
- –80 g Mandeln
- 50 g Butter
- Vollmeersalz

ZUBEREITUNG

- Den Broccoli putzen, waschen, in kleine Röschen schneiden und dämpfen.
- Die Mandeln in Stifte schneiden und in einer Pfanne ohne Fett leicht rösten.
- Die Butter in einer Pfanne zergehen lassen, Mandeln zufügen und den Broccoli darin schwenken.
- Mit Salz abschmecken.

Für 4 Personen

BROCCOLISAUCE FÜR NUDELGERICHTE

ZUTATEN

- 400 g Broccoli
- –2 EL Butter
- 1 Knoblauchzehe, fein gehackt
- etwas Weißwein
- 125 g Sahne
- Vollmeersalz
- Pfeffer aus der Mühle
- 4 EL Parmesan, gerieben

ZUBEREITUNG

- Den Broccoli putzen, waschen, in kleine Röschen schneiden und dämpfen.
- Die Butter in einer Pfanne zergehen lassen und Knoblauch und Broccoli dazugeben.
- Mit Weißwein löschen, Sahne aufgießen, würzen und etwas köcheln lassen.
- Die abgeseihten Nudeln in die Sauce geben und durchschwenken.
- Mit Parmesan bestreut servieren.

TIEREIWEISSFREI

Den Parmesan weglassen und gut würzen.

ROSENKOHL MIT PINIENKERNEN

Für 4 Personen

ZUTATEN

- 700 g Rosenkohl
- 50 g Pinienkerne
- 2 EL Öl
- 200 g Crème fraîche
- 1 Msp. Zitronenschale
- Vollmeersalz
- Pfeffer aus der Mühle
- 2 EL Orangensaft

ZUBEREITUNG

- Den Rosenkohl putzen, waschen und dämpfen.
- Die Pinienkerne in Öl anrösten, Rosenkohl dazugeben und kurz mitschmoren lassen.
- Crème fraîche und Zitronenschale zufügen und etwas einkochen lassen.
- Mit Salz und Pfeffer abschmecken und den Orangensaft hinzufügen.

VARIATIONEN

- Anstelle der Pinienkerne gehackte Mandeln oder Walnüsse verwenden.
- Statt Rosenkohl Blumenkohl oder Broccoli verwenden (Abb. Seite 81).

GRILLGEMÜSE

Für 4 Personen

ZUTATEN

- 600 g Zucchini, Melanzane und Paprikaschoten
- Kräutersalz
- 3–4 EL Olivenöl

JE NACH GESCHMACK

- 1 Knoblauchzehe, fein gehackt
- Parmesan, in feine Scheiben gehobelt
- 2 EL Kapern
- 2 EL Kräuter (Petersilie, Rosmarin, Basilikum), fein gehackt
- 1 EL Zitronensaft

ZUBEREITUNG

- Das Gemüse waschen, Zucchini und Melanzane in 5 mm dicke Scheiben schneiden, die Paprikaschoten in große Rechtecke schneiden.
- Mit wenig Fett (je nach Pfanne oder Grill auch ohne Fett) auf beiden Seiten grillen.
- Salzen und mit Öl vermischen.
- Je nach Geschmack mit Knoblauch, Parmesan, Kapern, Kräutern oder Zitronensaft vermischen.

PAPRIKA-LINSENGEMÜSE

Für 4 Personen

ZUTATEN

- 100 g braune Linsen
- 250 g Paprikaschoten, gemischt
- 1–2 EL Öl
- 1 Zwiebel, fein gehackt
- 1 Knoblauchzehe, fein gehackt
- 2 EL Balsamicoessig
- 350 g Tomatensauce
- 150 g Wasser
- 1 Lorbeerblatt
- 1 TL Suppenwürze
- Vollmeersalz
- 1–2 EL Rosmarin und Origano, klein gehackt

ZUBEREITUNG

- Die Linsen einige Stunden in 500 g Wasser einweichen, dann abseihen.
- Die Paprikaschoten waschen und in mittelgroße Stücke schneiden.
- Zwiebel und Knoblauch in Öl kurz andünsten, Paprikaschoten und Linsen zufügen und kurz dünsten lassen. Mit Balsamicoessig ablöschen und einkochen lassen.
- Die Tomatensauce und das Wasser zugießen, Lorbeerblatt und Suppenwürze dazugeben und salzen.
- Einmal aufkochen und dann bei kleiner Flamme etwa 20 Minuten köcheln lassen.
- Die Kräuter unterrühren und noch kurz ziehen lassen.

Für 4 Personen

ZUTATEN

- 500 g Kürbis
- 300 g Kartoffeln
- 2 Eier
- 100 g Sahne
- Vollmeersalz
- 1 Knoblauchzehe, fein gehackt
- 100 g würziger Käse, fein gerieben

KÜRBISGRATIN

ZUBEREITUNG

- Kürbis und Kartoffeln schälen und in etwa 1 cm breite Stifte hobeln oder in etwa 5 mm dicke Scheiben schneiden.
- Bissfest dämpfen und in eine Auflaufform geben.
- Eier, Sahne, Salz, Knoblauchzehe, ¾ vom Käse gut verrühren und über den Kürbis und die Kartoffeln verteilen.
- Mit dem restlichen Käse bestreuen und im Backrohr bei 200 Grad 15–20 Minuten gratinieren.

TIEREIWEISSFREI

200 g Sauerrahm verwenden, Eier und Käse weglassen. Gut würzen.

MELANZANERÖLLCHEN MIT FETAFÜLLUNG (ABB. S. 87)

Für 4 Personen

ZUTATEN

- 2 Melanzane
- Öl zum Grillen
- 150 g Schafskäse (Feta)
- 150 g Crème fraîche
- 10 Oliven, gehackt
- 1 Knoblauchzehe, fein gehackt
- Kräutersalz
- 1 EL Rosmarin, fein gehackt

ZUBEREITUNG

- Die Melanzane der Länge nach in etwa 5 mm dicke Scheiben schneiden.
- In einer Pfanne oder auf dem Grill mit wenig Öl grillen.
- Für die Füllung Feta und Crème fraîche cremig rühren und mit den restlichen Zutaten abschmecken.
- In jede Melanzanescheibe etwa einen Esslöffel Fülle geben und zusammenrollen.

VARIATION

- 5 mittelgroße Kartoffeln in kleine Würfel schneiden. In einer Pfanne mit Olivenöl und Rosmarin dünsten. Falls nötig etwas Wasser aufgießen. Mit Salz und Pfeffer abschmecken. Gegrillte Melanzane mit den Kartoffeln füllen. Kurz vor dem Servieren im Backofen unter Alufolie erwärmen.

LAUCHGEMÜSE ÜBERBACKEN

Für 4 Personen

ZUTATEN

- 600 g Lauch
- etwas Kräutersalz

ZUTATEN SAUCE

- 450 g Wasser
- 50 g Sahne
- 80 g Vollkornreis, fein gemahlen
- Vollmeersalz
- Pfeffer aus der Mühle
- Muskatnuss, gerieben
- 1 EL Butter
- 4 EL Parmesan, gerieben

ZUBEREITUNG

- Den Lauch putzen, waschen, in 2 cm breite Stücke schneiden und bissfest dämpfen.
- Wasser und Sahne mit dem Reismehl gut verrühren, salzen und unter ständigem Rühren zum Kochen bringen. 1 Minute aufkochen lassen, sofort vom Herd nehmen und zugedeckt 15 Minuten quellen lassen.
- Danach mit Pfeffer, Muskatnuss, Butter und 2 Esslöffel Parmesan abschmecken.
- Den Lauch in eine Auflaufform geben, etwas salzen, die Béchamelsauce darübergießen, mit dem restlichen Parmesan bestreuen und im Backrohr bei 200 Grad mit Oberhitze etwa 15 Minuten überbacken.

TIEREIWEISSFREI

Den Parmesan weglassen und gut würzen.

TOMATEN MIT HIRSEFÜLLUNG (ABB. SEITE 87)

Für 4 Personen

ZUTATEN

- 50 g Hirse
- 100 g Wasser
- Vollmeersalz
- 20 g Butter
- 1 Knoblauchzehe, fein gehackt
- 1 EL Petersilie, gehackt
- 6–8 kleine Tomaten
- 1–2 EL Pinienkerne oder Sonnenblumenkerne

ZUBEREITUNG

- Die Hirse mit Wasser und Salz zum Kochen bringen und bei kleiner Flamme etwa 10 Minuten kochen lassen. Vom Herd nehmen und zugedeckt noch 10 Minuten ausquellen lassen.
- Dann Butter, Knoblauchzehe und Petersilie untermischen.
- Die Tomaten waschen, den Deckel wegschneiden, aushöhlen und leicht salzen.
- Die Hirse einfüllen, Pinienkerne oder Sonnenblumenkerne darüberstreuen und die Tomaten auf ein Blech oder in eine Auflaufform geben.
- Im Backofen bei 200 Grad etwa 15 Minuten gratinieren.

VARIATIONEN

- In die Hirsefüllung etwas würfelig geschnittenen Käse mischen.
- TOMATEN MIT FETAFÜLLUNG: Tomaten mit Feta (siehe Melanzaneröllchen) füllen und nicht gratinieren (Abb. Seite 87).

GRATINIERTE ZUCCHINI

Für 4 Personen (als Beilage für 6 Personen)

ZUTATEN

1 Zwiebel, fein gehackt
2 Knoblauchzehen, fein gehackt
Öl zum Andünsten
1 Karotte
400 g Tomatensauce
Vollmeersalz
Pfeffer aus der Mühle
Paprikapulver
Thymian
800 g Zucchini
80 g Käse, gerieben

ZUBEREITUNG

- Zwiebel und Knoblauch mit wenig Öl kurz andünsten, würfelig geschnittene Karotte und Tomatensauce dazugeben.
- Würzen und etwas köcheln lassen.
- Die Zucchini in größere Würfel schneiden und mit wenig Öl bissfest dünsten.
- In eine Auflaufform geben und mit der Tomaten-Gemüsesauce übergießen.
- Den Käse darüberstreuen und im Rohr bei 200 Grad 15–20 Minuten überbacken.

TIEREIWEISSFREI

Den Käse weglassen und einige Butterflöckchen darauf verteilen.

ZUCCHININUDELN AUF PAPRIKAPÜREE (ABB. SEITE 73)

Für 4 Personen

ZUTATEN

300 g rote Paprikaschoten
300 g Zucchini
1 EL Olivenöl
1 Knoblauchzehe, fein gehackt
Vollmeersalz
Pfeffer aus der Mühle

ZUBEREITUNG

- Die Paprikaschoten waschen, in Stücke schneiden und dämpfen.
- Etwas salzen und pürieren.
- Die Zucchini längsseits mit einem Hobel zu feinen langen Spaghetti hobeln.
- Den Knoblauch in Olivenöl kurz anschwitzen lassen, Zucchini zufügen und kurz andünsten. Salzen und pfeffern.
- Sofort herausnehmen und auf das Paprikapüree setzen.

ZUCCHINI-MINZEGEMÜSE (ABB. SEITE 63)

Für 4 Personen

ZUTATEN

4 Zucchini (etwa 400 g)
2 EL Olivenöl
2 Knoblauchzehen, fein gehackt
Weißwein zum Ablöschen
Vollmeersalz
2 Minzeblätter
wenig Peperoncino

ZUBEREITUNG

- Die Zucchini in längliche, nicht zu dünne Scheiben hobeln.
- Olivenöl in einer Pfanne erwärmen, den Knoblauch darin kurz anschwitzen lassen, Zucchini zufügen und kurz andünsten.
- Mit Weißwein ablöschen, salzen und für 1–2 Minuten dünsten lassen.
- Die Minzeblätter in feine Streifen schneiden und unterrühren.
- Mit Peperoncino bestreut servieren.

ARTISCHOCKENSAUCE FÜR NUDELGERICHTE

Für 4 Personen

ZUTATEN

- 200 g Artischocken (in Öl eingelegt)
- 1 Knoblauchzehe, gehackt
- 2 EL Öl oder Butter
- etwas Weißwein
- 125 g Sahne
- Vollmeersalz
- Pfeffer aus der Mühle
- 1–2 EL Petersilie, gehackt

ZUBEREITUNG

- Die Artischocken in kleinere Stücke schneiden.
- Den Knoblauch im Fett ganz leicht andünsten.
- Die Artischocken dazugeben, andünsten und mit Weißwein löschen. Etwas einkochen lassen.
- Die Sahne aufgießen, salzen, pfeffern und die Sauce etwa 5 Minuten leicht köcheln lassen.
- Zum Schluss die Petersilie dazugeben und die gekochten Nudeln mit der Sauce mischen.

BÉCHAMELSAUCE

Für 4 Personen

ZUTATEN

- 500 g Milch (oder 350 g Wasser und 150 g Sahne gemischt)
- 80–100 g Vollkornreis, fein gemahlen
- Vollmeersalz
- Pfeffer aus der Mühle
- Muskatnuss, gerieben
- 2–3 EL Parmesan

ZUBEREITUNG

- Die Flüssigkeit mit dem Reismehl gut verrühren, salzen, Pfeffer und Muskat zufügen und unter ständigem Rühren zum Kochen bringen.
- 1 Minute aufkochen lassen, dann sofort vom Herd nehmen und zugedeckt 15 Minuten quellen lassen.
- Danach den Parmesan unterrühren und nochmals abschmecken.

TIPP

- Für eine flüssigere Béchamelsauce verwenden Sie nur 80 g Reismehl, ansonsten 100 g.

TIEREIWEISSFREI

Den Parmesan weglassen.

CHAMPIGNONSAUCE

Für 4 Personen

ZUTATEN

- 500 g frische Champignons
- 1 Knoblauchzehe, gehackt
- 1 EL Butter
- 50 g Weißwein
- 250 g Wasser
- Vollmeersalz
- 2 EL Vollkornreis, fein gemahlen
- 80 g Sahne
- Pfeffer aus der Mühle
- 1 EL Petersilie, gehackt

ZUBEREITUNG

- Die Champignons gut putzen und in Scheiben schneiden.
- Den Knoblauch in Butter kurz andünsten, Champignons dazugeben, kurz dünsten lassen und mit Weißwein ablöschen.
- Das Wasser aufgießen, salzen und langsam köcheln lassen.
- Das Reismehl mit wenig Wasser verrühren und in die Sauce einrühren. Nochmals kurz aufkochen lassen und zugedeckt 10 Minuten quellen lassen.
- Die Sahne zufügen, mit Pfeffer abschmecken und mit Petersilie bestreut servieren.

KÄSESAUCE

Für 4 Personen

ZUTATEN

- 1 EL Butter
- 100 g Käse (Gorgonzola oder anderer würziger Käse)
- etwas Weißwein
- 125 g Sahne
- Vollmeersalz
- Pfeffer aus der Mühle

ZUBEREITUNG

- Die Butter in einer Pfanne schmelzen lassen, den würfelig geschnittenen Käse dazugeben und zergehen lassen.
- Den Weißwein aufgießen und kurz einkochen lassen.
- Die Sahne zufügen und mit Salz und Pfeffer würzen.
- Die Sauce kurz kochen lassen und die Nudeln oder Gnocchi darin schwenken.

TIPP

- Passt auch gut zu Getreidelaibchen.

KNOBLAUCHSAUCE

Für 4 Personen

ZUTATEN

- 2 Knoblauchzehen, fein gehackt
- 2 EL Butter
- etwas Weißwein
- 2 EL Vollkornreis, fein gemahlen
- 250 g Wasser
- Vollmeersalz
- ½ TL Suppenwürze
- 50 g Sahne
- Pfeffer aus der Mühle
- Muskatnuss, gerieben
- 1 EL Zitronensaft

ZUBEREITUNG

- Den Knoblauch in Butter kurz andünsten. Mit Weißwein löschen und einkochen lassen.
- Das Reismehl dazugeben und das Wasser aufgießen.
- Salz und Suppenwürze zufügen und alles unter ständigem Rühren zum Kochen bringen. 5 Minuten leicht köcheln lassen.
- Die Sauce pürieren und die Sahne beifügen.
- Kurz aufkochen lassen, mit Pfeffer und Muskat würzen, vom Herd nehmen und zugedeckt etwa 10 Minuten quellen lassen.
- Mit Zitronensaft abschmecken und servieren.

SCHNELLE SAUCE

Für 4 Personen

ZUTATEN

- 200 g Crème fraîche
- Vollmeersalz
- Pfeffer aus der Mühle
- Gewürze nach Geschmack: Curry, Kurkuma, Senf, Kräuter

ZUBEREITUNG

- Crème fraîche in einen kleinen Topf geben und zum Kochen bringen.
- Mit den Gewürzen abschmecken und servieren.

PAPRIKASAUCE (ABB. SEITE 71)

Für 4 Personen

ZUTATEN

- ½ Zwiebel, fein gehackt
- 1 Knoblauchzehe, fein gehackt
- 1 EL Butter
- 1 gelbe Paprikaschote
- etwas Weißwein
- 200 g Wasser
- Vollmeersalz
- 1 EL Vollkornreis, fein gemahlen
- 1 EL Kräuter, fein gehackt
- 1 EL Olivenöl

ZUBEREITUNG

- Zwiebel und Knoblauch in Butter kurz andünsten.
- Die Paprikaschote putzen, waschen, in Würfel schneiden, zur Zwiebel geben und kurz dünsten lassen. Mit Weißwein ablöschen und einkochen lassen.
- Das Wasser aufgießen, salzen und weich kochen.
- Alles gut pürieren.
- Das Reismehl mit wenig kaltem Wasser verrühren, in die Sauce einrühren und kurz aufkochen lassen. Vom Herd nehmen und zugedeckt etwas quellen lassen.
- Mit Kräutern und Olivenöl abschmecken und servieren.

VARIATION

- Das Reismehl kann auch weggelassen werden. Die Sauce bleibt dann etwas flüssiger.

PETERSILIENSAUCE

Für 4 Personen

ZUTATEN

- ½ Zwiebel, gehackt
- 1 EL Butter
- ½ Tasse Petersilie, gehackt
- 200 g Wasser
- 60 g Sahne
- 1 EL Vollkornreis, fein gemahlen
- Kräutersalz
- Pfeffer aus der Mühle
- 1 EL Zitronensaft

ZUBEREITUNG

- Die Zwiebel in Butter kurz andünsten.
- Die Petersilie dazugeben, das Wasser aufgießen und 10 Minuten leicht kochen lassen.
- Die Sauce pürieren.
- Die Sahne mit dem Reismehl vermischen und in die Sauce einrühren. Salzen und kurz aufkochen lassen. Den Topf vom Herd nehmen und zugedeckt 10 Minuten quellen lassen.
- Die Sauce mit Salz, Pfeffer und Zitronensaft abschmecken.

WEISSE SAUCE

Für 4 Personen

ZUTATEN

- 200 g Wasser
- 2 EL Vollkornreis, fein gemahlen
- Vollmeersalz
- 1 TL Suppenwürze
- 50 g Butter
- 50 g Sahne
- Pfeffer aus der Mühle
- Muskatnuss, gerieben

ZUBEREITUNG

- Wasser mit Reismehl, Salz und Suppenwürze glatt verrühren und alles unter ständigem Rühren zum Kochen bringen.
- Nach und nach unter ständigem Rühren Butter und Sahne zufügen und mit Pfeffer und Muskat würzen.

VARIATION

- Nach Belieben können verschiedene Gewürze zugefügt werden (Senf, Curry, Kapern, Kräuter).

PREISELBEERBUTTER

Für 4 Personen

ZUTATEN

- 100 g Butter
- 3–4 EL Preiselbeermarmelade

ZUBEREITUNG

- Die Butter zergehen lassen und die Preiselbeeren unterrühren.
- Zu Nudelgerichten servieren.

NUSSBUTTER

Für 4 Personen

ZUTATEN

- 50 g Haselnüsse
- 100 g Butter
- 2–3 EL Parmesan, gerieben

ZUBEREITUNG

- Die Nüsse mittelfein reiben und in einer trockenen Pfanne kurz rösten.
- Die Butter zergehen lassen und die Nüsse hinzufügen. Kurz aufschäumen lassen.
- Die Nussbutter über Nudeln oder Teigtaschen gießen, mit Parmesan bestreuen und servieren.

VARIATION

- Walnüsse oder Mandeln verwenden.

SALBEIBUTTER

Für 4 Personen

ZUTATEN

- 100 g Butter
- 8–10 Salbeiblätter

ZUBEREITUNG

- Die Butter zergehen lassen und die Salbeiblätter dazugeben. Aufschäumen lassen.
- Abgeseiht (oder auch mit den Kräutern) über Gnocchi, Teigtaschen, Getreideknödel oder Spatzlen gießen.

VARIATION

- Anstelle der Salbeiblätter einen Zweig Rosmarin verwenden.

VANILLESAUCE

Für 4 Personen

ZUTATEN

- 200 g Wasser
- 125 g Sahne
- Vollmeersalz
- 30 g Weizen, fein gemahlen
- 1 Eigelb
- 70 g Honig
- etwas Naturvanille

ZUBEREITUNG

- Wasser, Sahne, Salz und Mehl unter Rühren zum Kochen bringen und 1 Minute aufkochen lassen.
- Vom Herd nehmen, etwas auskühlen lassen und die restlichen Zutaten unter die Sauce rühren.

TIPP

- Passt gut zu süßen Aufläufen, zu Apfelstrudel oder Bucheln.

Für 4 Personen

SCHNELLE FRUCHTCREME

ZUTATEN

- 400 g Obst nach Jahreszeit (Äpfel, Bananen, Erdbeeren, Pfirsiche)
- 2 EL Zitronensaft
- 100–150 g Akazienhonig (je nach Süße der Früchte)
- 1 Msp. Naturvanille
- 150 g Sahne

WEITERES

- 2–3 EL Haselnüsse, getoastet und gehackt

ZUBEREITUNG

- Das Obst waschen, klein aufschneiden und mit Zitronensaft pürieren.
- Honig und Vanille dazugeben und gut verrühren.
- Die Sahne steif schlagen, 2 Esslöffel zum Garnieren zurückbehalten und den Rest unter die Obstmasse heben.
- Die Creme in Gläser füllen und mit Sahne und gehackten Nüssen garnieren.

VARIATION

- Diese Masse kann auch für Eis verwendet werden. Dazu alles in die Eismaschine füllen und so lange rühren, bis Eis entstanden ist. In gut verschließbare Behälter füllen und im Tiefkühlfach aufbewahren.

Für 4 Personen

FRÜCHTESTREUSEL

ZUTATEN

- 50 g Hartweizen, fein gemahlen
- 50 g Mandeln, fein gemahlen
- 30 g Butter
- 1 EL Honig

WEITERES

- 2 Äpfel
- 8 Zwetschgen
- 1–2 EL Honig
- 2 EL Zitronensaft
- 2 EL Pinienkerne (auch Walnüsse oder Haselnüsse)
- 1 Msp. Naturvanille

ZUBEREITUNG

- Für die Streusel Hartweizen, Mandeln, Butter und Honig so lange verkneten (auch in der Küchenmaschine verarbeiten), bis die Mischung krümelig ist.
- Die Früchte waschen und in kleinere Stücke schneiden. Mit Honig, Zitronensaft, Pinienkernen und Vanille vermischen und in eine feuerfeste Form geben.
- Die Streuselmasse über die Früchte geben.
- Im Ofen bei 200 Grad etwa 15–20 Minuten backen.
- Kann warm, aber auch kalt serviert werden.

VARIATION

- Andere Früchte verwenden (Birnen, Marillen, Pfirsiche).

Für 6 Personen

BISKUITBODEN

- 3 Eier
- 150 g Akazienhonig
- 3 EL heißes Wasser
- 1 Msp. Naturvanille
- 120 g Weizen oder Dinkel, fein gemahlen
- 1 TL Naturbackpulver

CREME

- 3–4 Eier
- 130 g Akazienhonig
- 2 Msp. Naturvanille
- 500 g Mascarpone
- a 200 g Getreidekaffee für den Biskuitboden
- Kakaopulver zum Bestreuen

TIRAMISU

ZUBEREITUNG BISKUITBODEN

- Das Eigelb schaumig rühren und nach und nach Honig, Wasser und Vanille dazugeben. So lange rühren, bis eine cremige Masse entstanden ist.
- Mehl mit Backpulver vermischen und unter die Eigelbmasse rühren.
- Das Eiweiß steif schlagen und vorsichtig unterheben.
- Die Biskuitmasse auf ein mit Butterpapier belegtes Backblech streichen und bei 200 Grad 7–8 Minuten backen.

ZUBEREITUNG CREME

- Eigelb mit Honig und Vanille sehr schaumig schlagen.
- Den Mascarpone in eine Schüssel geben.
- Die Eigelbmasse nun langsam zum Mascarpone rühren.
- Zum Schluss das steif geschlagene Eiweiß unterheben.

FERTIGSTELLUNG

- Eine Form mit der Hälfte des Biskuitbodens auslegen, mit kaltem Kaffee tränken und die Hälfte der Creme darauf verteilen.
- Den zweiten Biskuitboden darüberlegen, mit Kaffee tränken und die restliche Creme verteilen.
- Einige Stunden kühl stellen und vor dem Servieren mit Kakaopulver bestreuen.

VARIATION

- ERDBEERTIRAMISU: 500 g Erdbeeren, davon 300 g mit 2 Esslöffel Akazienhonig pürieren und die restlichen Erdbeeren in kleine Stücke schneiden. Die Hälfte des Biskuits in eine Form legen, die Hälfte der pürierten Erdbeeren und die Hälfte der Mascarponemasse und Erdbeeren darauf verteilen. Die zweite Hälfte des Biskuits darüberlegen, das restliche Erdbeerpüree und die Mascarponemasse darüberstreichen. Mit den Erdbeerstückchen belegen und kalt stellen.

Für 4 Personen

ZUTATEN

- 2 Eigelb
- 100 g Akazienhonig
- 1 Msp. Naturvanille
- 400 g Naturjoghurt
- 150 g Sahne

WEITERES

- –300 g Früchte (Himbeeren, Erdbeeren, Bananen …)

JOGHURTCREME

ZUBEREITUNG

- Das Eigelb mit Honig und Naturvanille sehr cremig rühren.
- Das Joghurt untermischen.
- Die Sahne steif schlagen, 2 Esslöffel zum Garnieren zurückbehalten und den Rest unter die Eigelbmasse heben.
- Das Obst unterheben, die Creme in Dessertschalen füllen und mit Sahne garnieren.

TIPP

- Die Joghurtcreme kann auch ohne Früchte serviert werden.

MASCARPONEMOUSSE

Für 4 Personen

ZUTATEN

- 200 g Mascarpone
- 150 g Akazienhonig
- 2 Msp. Naturvanille
- 2 EL Zitronensaft als Geschmack
- 350 g Sahne

ZUBEREITUNG

- Mascarpone und Sahne müssen sehr kalt sein.
- Den Mascarpone mit Honig, Vanille und Zitronensaft kurz verrühren.
- Die flüssige Sahne zufügen und alles rühren, bis eine feste Masse entsteht. Achtung, zum Schluss sehr vorsichtig rühren!
- Die Mousse kalt stellen.
- Einen Löffel in heißes Wasser tauchen, Nocken formen und auf Teller legen.
- Auf pürierten Früchten oder mit Früchten garniert servieren.

VARIATIONEN

- KAFFEEMOUSSE: 3–4 Teelöffel lösliches Getreidekaffeepulver mit dem Mascarpone verrühren.
- FRÜCHTEMOUSSE: 150–200 g Himbeeren (ganz) oder Erdbeeren (klein geschnitten) unter die fertige Mousse rühren.
- SCHOKOMOUSSE: 3 Esslöffel Kakaopulver mit dem Mascarpone verrühren.

SCHOKO-NUSSMOUSSE

Für 4 Personen

ZUTATEN

- 125 g Haselnuss- oder Mandelmus
- 2 EL Kakaopulver
- 100 g Akazienhonig
- 2 Msp. Naturvanille
- 2 EL Sahne, flüssig
- 350 g Sahne, steif geschlagen

ZUBEREITUNG

- Nussmus, Kakaopulver, Honig und Vanille mit 2 Esslöffel flüssiger Sahne zu einer sämigen Masse verrühren.
- Die steif geschlagene Sahne unter die Mousse heben und kalt stellen. Dann Nocken formen (dazu einen Löffel in heißes Wasser tauchen und Nocken formen) oder die Mousse in Dessertschalen servieren.

ORANGENCREME

Für 4 Personen

ZUTATEN

- 300 g cremige Ricotta (oder gemischt mit Mascarpone oder Crème fraîche)
- 120 g Akazienhonig
- etwas Orangenschale
- 2 Orangen, Fruchtfleisch
- 2 Msp. Naturvanille
- etwas Ingwerwurzel, gerieben
- 100 g Sahne
- 4 Orangenstückchen zum Garnieren

ZUBEREITUNG

- Ricotta in eine Schüssel geben und mit dem Honig und der Orangenschale cremig rühren.
- Die Orangen schälen und mit einem scharfen Messer die weiße Haut wegschneiden. In kleine Stücke schneiden und zur Creme geben.
- Vanille und Ingwer unterrühren.
- Die Sahne steif schlagen und unter die Orangencreme heben.
- Die Creme in Dessertgläser füllen und mit einem Orangenstückchen garnieren.

VARIATION

- Andere Früchte verwenden (z.B. 150–200 g Himbeeren oder Erdbeeren).

TIEREIWEISSFREI

Anstelle von Ricotta nur Mascarpone und Crème fraîche verwenden.

Mascarponemousse

Orangencreme

MOHNPARFAIT

Für 4 Personen

ZUTATEN

- 250 g Sahne
- 100 g Akazienhonig
- 50 g Mohn, fein gemahlen
- 20 g Mandeln, fein gemahlen
- 1 EL Zitronensaft
- etwas Zitronenschale

ZUBEREITUNG

- Die Sahne dickflüssig schlagen, dann den Honig zufügen und steif schlagen.
- Die restlichen Zutaten unter die Sahne ziehen.
- In eine Kastenform füllen und mindestens 5 Stunden einfrieren.
- In Scheiben schneiden und mit geschlagener Sahne garniert servieren.

WALNUSSHALBGEFRORENES

Für 4 Personen

ZUTATEN

- 150 g Akazienhonig
- 80 g Walnüsse, mittelfein gehackt
- 2 Eigelb
- 300 g Sahne

ZUBEREITUNG

- 80 g Honig in einen Topf geben, die Walnüsse zufügen, einige Minuten aufkochen lassen und sofort auf ein Blech oder einen Teller geben. Hart werden lassen und in den Gefrierschrank stellen (etwa 1–2 Stunden).
- Dann die Masse etwas zerkleinern und im Mixer reiben.
- Das Eigelb mit 70 g Honig sehr flaumig schlagen und die Walnüsse untermischen.
- Die Sahne steif schlagen und unter die Eigelbmasse heben.
- In eine Kastenform füllen und mindestens 5 Stunden einfrieren.
- In Scheiben schneiden und mit geschlagener Sahne garniert servieren.

ZIMTHALBGEFRORENES

Für 4 Personen

ZUTATEN

- 2 Eigelb
- 100 g Akazienhonig
- 1 EL Zimtpulver
- Naturvanille
- 200 g Sahne

ZUBEREITUNG

- Das Eigelb mit Honig sehr schaumig schlagen.
- Zimtpulver und Naturvanille untermischen.
- Die Sahne steif schlagen und unter die Eimasse heben.
- Die Masse in eine Kastenform oder in andere geeignete Behälter füllen, zudecken und im Gefrierschrank mindestens 8 Stunden einfrieren.
- Vor dem Servieren die Kastenform kurz unter heißes Wasser halten und auf ein Brett stürzen. In Scheiben schneiden und mit Sahne garniert servieren.

VARIATIONEN

- Etwas Orangenschale, Zitronenschale und Nelkenpulver untermischen.
- Den Eischnee steif schlagen und zum Schluss unter die Masse heben.

Für 4 Personen

SAUERRAHM-FRUCHTCREME

ZUTATEN

- 250 g Obst (Kaki, Bananen, Himbeeren)
- 2 EL Zitronensaft
- 125 g Sahne
- 400 g Sauerrahm
- 100 g Akazienhonig
- 1 Msp. Naturvanille

WEITERES

- 2 EL Haselnüsse, gehackt

ZUBEREITUNG

- Das Obst pürieren und sofort Zitronensaft zufügen.
- Die Sahne steif schlagen.
- Den Sauerrahm in einer Schüssel mit Honig und Vanille verrühren und Obst und Sahne unterheben.
- In Dessertgläser füllen und mit gehackten Haselnüssen garnieren.

Für 4 Personen

VANILLECREME

ZUTATEN

- 2 Eigelb
- 100 g Akazienhonig
- ½ TL Naturvanille
- 1 Eiweiß
- 1 Prise Vollmeersalz
- 150 g Sahne

ZUBEREITUNG

- Das Eigelb mit Honig und Vanille sehr cremig rühren.
- Das Eiweiß mit einer Prise Salz steif schlagen.
- Die Sahne steif schlagen, 2 Esslöffel zum Garnieren wegnehmen und den Rest mit dem Eischnee vorsichtig unter die Creme heben.
- In Gläser füllen und mit Sahne und Vanille garnieren. Kalt stellen.

VARIATIONEN

- Mit Früchten abwechselnd in Dessertschalen füllen.
- 100–130 g getoastete und gemahlene Haselnüsse oder Walnüsse untermischen.

Für 4 Personen

MASCARPONE-VANILLECREME

ZUTATEN

- 250 g Mascarpone
- 100 g Akazienhonig
- 250 g Naturjoghurt
- Naturvanille

ZUBEREITUNG

- Mascarpone mit Honig verrühren.
- Das Joghurt und die Vanille zufügen und alles gut vermischen.
- Die Creme in Dessertschalen füllen und mit etwas Vanillepulver garnieren.

TIPP

- Unter die Creme können auch klein geschnittene Früchte gemischt werden. Eventuell auch etwas geschlagene Sahne unterheben.

Für 4 Personen

FRÜCHTEEIS

ZUTATEN

- 250 g Früchte (Bananen, Erdbeeren, Himbeeren, Pfirsiche)
- 1 EL Zitronensaft
- 0–150 g Akazienhonig
- 80 g Milch
- 150 g Sahne

ZUBEREITUNG

- Die Früchte mit dem Zitronensaft pürieren.
- Honig und Milch untermischen.
- Die Sahne nicht ganz fest schlagen und ebenfalls unter die Früchtemasse heben.
- Die Mischung in einer Eismaschine rühren.

TIPP

- Falls keine Eismaschine vorhanden ist, kann man die Früchtemasse auch in einem Behälter im Gefrierschrank einfrieren. Das Eis muss man allerdings einige Zeit vor dem Essen aus dem Tiefkühlfach nehmen, da es sonst zu hart ist.

TIEREIWEISSFREI

Die Milch weglassen, die Sahnemenge kann gleich bleiben. Das Eis wird so cremiger.

Für 4 Personen

VANILLEEIS

ZUTATEN

- 2 Eier
- 100 g Akazienhonig
- ½ TL Naturvanille
- 250 g Sahne

ZUBEREITUNG

- Eigelb mit Honig und Vanille sehr cremig rühren.
- Das Eiweiß steif schlagen.
- Die Sahne nicht zu fest schlagen und unter die Eigelbmasse heben. Den Eischnee vorsichtig unterziehen.
- Die Mischung in einer Eismaschine rühren.

VARIATIONEN

- Lebkuchenhalbgefrorenes: in die Masse trockene, geriebene Lebkuchenkekse (etwa 100 g) und bei Bedarf noch etwas Lebkuchengewürz untermischen und in Behältern tiefgefrieren.
- Haselnusshalbgefrorenes: 130 g getoastete und gemahlene Haselnüsse untermischen.

TIPP

- Falls keine Eismaschine vorhanden ist, die Masse in einem Behälter einfrieren.

Für 4 Personen

JOGHURTEIS

ZUTATEN

- 125 g Joghurt
- 50 g Akazienhonig
- ½ TL Naturvanille oder etwas Zitronenschale
- 125 g Sahne

ZUBEREITUNG

- Joghurt mit Honig, Vanille oder Zitronenschale vermischen.
- Die Sahne nicht zu fest schlagen und unter die Joghurtmasse heben.
- Die Mischung in einer Eismaschine rühren.

TIEREIWEISSFREI

Anstelle von Joghurt Sauerrahm verwenden.

MARMORKUCHEN

Für 1 runde Kuchenform oder Kastenform

ZUTATEN

- 200 g Butter
- 250 g Akazienhonig
- 4 Eier
- 1 Msp. Naturvanille
- 300 g Dinkel, fein gemahlen
- 1 Pkg. Naturbackpulver
- 60 g Milch (oder 30 g Wasser und 30 g Sahne)
- 1 Msp. Zitronenschale
- 2 EL Kakaopulver

ZUBEREITUNG

- Die Butter mit Honig flaumig rühren. Nach und nach Eier und Vanille hinzufügen und alles so lange rühren, bis eine cremige Masse entsteht.
- Das Mehl mit Backpulver vermischen und abwechselnd mit der Milch oder dem Wasser-Sahnegemisch unter die Buttermasse rühren.
- Unter ⅔ des Teiges die Zitronenschale untermischen und in eine Kuchenform füllen.
- Das Kakaopulver unter den Rest des Teiges rühren. Auf den hellen Teig verteilen.
- Um ein Marmormuster zu erzielen, zieht man eine Gabel spiralförmig durch die beiden Teigschichten.
- Den Kuchen bei 160 Grad 45–50 Minuten backen.

NUSS-KAROTTENSCHNITTEN

Ergibt 1 Backblech

ZUTATEN

- 250 g Butter
- 220 g Akazienhonig
- 2 Msp. Naturvanille
- etwas Zitronenschale
- 5 Eier
- 300 g Dinkel, fein gemahlen
- 120 g Haselnüsse, gerieben
- 1 Pkg. Naturbackpulver
- 120 g Karotten, fein gerieben

WEITERES

- 2 EL Akazienhonig
- 2 EL Zitronensaft
- 2 EL Haselnüsse, gehackt

ZUBEREITUNG

- Die Butter mit Honig, Vanille und Zitronenschale schaumig schlagen.
- Nach und nach das Eigelb dazugeben.
- Mehl, Haselnüsse und Backpulver vermischen, langsam unter die Buttermasse rühren und die Karotten untermischen.
- Das Eiweiß zu steifem Schnee schlagen und vorsichtig unterheben.
- Den Teig auf ein mit Backpapier ausgelegtes Backblech streichen und bei 175 Grad 20–30 Minuten backen.
- Honig und Zitronensaft erwärmen, den Kuchen damit bestreichen und mit Haselnüssen bestreuen.

TIPP

- Den Teig nur auf ¾ des Backbleches verteilen; so werden die Schnitten höher.

Ergibt 1 Backblech

APFEL-MOHNSCHNITTEN

ZUTATEN

250 g	Butter
250 g	Akazienhonig
4	Eier
200 g	Mohn, fein gemahlen
160 g	Haselnüsse, fein gemahlen
250 g	Dinkel, fein gemahlen
1 Pkg.	Naturbackpulver
1 Msp.	Naturvanille
3	Äpfel, fein geraspelt

ZUBEREITUNG

- Die Butter mit Honig schaumig schlagen.
- Nach und nach die Eier dazugeben.
- Mohn, Nüsse, Mehl, Backpulver und Vanille vermischen und unter die Buttermasse ziehen. Die Äpfel unterrühren.
- Den Teig auf ein mit Backpapier ausgelegtes Backblech streichen und bei 170 Grad etwa 30 Minuten backen.

VARIATIONEN – GLASUR

- Etwas Marillenmarmelade mit ein paar Tropfen Rum fein mixen und auf den abgekühlten Kuchen streichen.
- Den Kuchen mit Schokoladenglasur überziehen.
- Den Kuchen mit Honigwasser (1 Esslöffel Honig und 1 Esslöffel Wasser erwärmen) bestreichen und mit gehackten Haselnüssen bestreuen.

Ergibt 1 runde Kuchenform

ZUTATEN

100 g	Butter
130 g	Akazienhonig
1 Msp.	Naturvanille
2	Eier
etwas	Zitronenschale
200 g	Weizen oder Dinkel, fein gemahlen
½ Pkg.	Naturbackpulver
1 Prise	Vollmeersalz
4	reife Äpfel

FEINER OBSTKUCHEN

ZUBEREITUNG

- Die Butter mit Honig und Vanille sehr cremig rühren. Nach und nach das Eigelb und die Zitronenschale dazugeben.
- Das Mehl mit Backpulver mischen und unter die Buttermasse rühren.
- Das Eiweiß mit Salz steif schlagen und mit einem Kochlöffel vorsichtig unter den Teig rühren.
- Den Teig in eine gebutterte runde Form füllen.
- Die Äpfel waschen, achteln, das Kerngehäuse herausschneiden und an der Oberfläche etwa 1 cm tief einschneiden.
- Kreisförmig auf dem Teig verteilen und den Kuchen bei 175 Grad 35–40 Minuten backen.

VARIATIONEN

- Den Kuchen mit anderen Obstsorten belegen (Marillen, Zwetschgen, Johannisbeeren). Sind die Früchte noch etwas sauer, kann man Honig darüberträufeln.
- Mit Streusel: Dazu 50 g Weizenvollkornmehl mit 20 g Butter und 1 Esslöffel Akazienhonig verkneten (am besten mit dem Rührgerät), bis eine bröselige Masse entsteht. Auf die Früchte streuen und backen.
- Mit Nussstreusel: 25 g fein gemahlenen Hartweizen, 25 g fein gemahlene Mandeln, 25 g Butter, ½ Esslöffel Honig mit dem Rührgerät verkneten und über den Kuchen streuen und backen.

Ergibt 2 Strudel

MOHNSTRUDEL

ZUTATEN

- 500 g Weizen oder Dinkel, fein gemahlen
- ½ TL Vollmeersalz
- 80 g Akazienhonig
- 60 g Butter
- 25 g Hefe
- –300 g lauwarmes Wasser

FÜLLUNG

- 100 g Milch (oder 50 g Wasser und 50 g Sahne)
- 200 g Mohn, fein gemahlen
- 50 g Mandeln, fein gerieben
- 150 g Akazienhonig
- 1 Msp. Naturvanille

WEITERES

- 1 EL Honig
- 1 EL Wasser

ZUBEREITUNG

- Mehl, Salz, Honig und Butter in eine Schüssel geben.
- Die Hefe im lauwarmen Wasser auflösen, dazugießen und alles zu einem geschmeidigen Teig kneten.
- Zugedeckt etwa 1 Stunde gehen lassen, bis sich das Volumen verdoppelt hat.
- Für die Füllung die Milch oder das Wasser-Sahnegemisch aufkochen lassen. Die restlichen Zutaten zufügen, noch einmal aufkochen und dann abkühlen lassen.
- Den Hefeteig in zwei Teile teilen, jeweils rechteckig ausrollen, die Mohnfüllung darauf verteilen und aufrollen.
- Auf ein bemehltes Backblech setzen und nochmals gut gehen lassen (je nach Wärme auch bis zu 1 Stunde).
- Bei 175 Grad etwa 30 Minuten backen.
- Honig und Wasser kurz erwärmen und den Strudel damit bestreichen.

VARIATIONEN

- TOPFENSTRUDEL: 400 g süßen Topfen (Ricotta), etwa 100 g Honig, 3 Esslöffel Sultaninen, etwas Zitronenschale und Naturvanille gut verrühren. Den Strudel damit füllen.
- NUSSSTRUDEL: 300 g getoastete, geriebene Haselnüsse, 150 g Honig, Naturvanille, Sahne oder Milch nach Bedarf. Alles zu einer cremigen Masse verrühren und den Strudel damit füllen.
- SCHNECKEN: Vom aufgerollten Strudel mit einem Sägemesser 2–3 cm breite Stücke abschneiden, rund formen und auf ein bemehltes Blech setzen. Gehen lassen und dann backen.

Ergibt 2 Strudel

APFELSTRUDEL

ZUTATEN

- 250 g Dinkel, fein gemahlen
- 150 g Butter
- 125 g Sauerrahm
- 1 Prise Vollmeersalz

FÜLLUNG

- 700 g Äpfel
- 3 EL Sultaninen
- 2–3 EL Haselnüsse, grob gerieben
- 1 TL Zimtpulver
- 1 Msp. Nelkenpulver
- 1 Msp. Naturvanille
- 1 Zitrone, Saft
- 1 EL Honig (wenn die Äpfel säuerlich sind)
- 1 Ei zum Bestreichen

ZUBEREITUNG

- Das Mehl mit den restlichen Zutaten in eine Schüssel geben und alles zu einem geschmeidigen Teig verkneten.
- Zugedeckt im Kühlschrank etwa 2 Stunden rasten lassen.
- Für die Füllung die Äpfel vierteln und mit der Schale in nicht zu feine Scheiben hobeln. Mit den anderen Zutaten vermischen.
- Den Teig halbieren und jede Teighälfte auf einem Küchentuch mit etwas Mehl zu einem Rechteck ausrollen.
- Die Apfelfülle auf die Mitte des Teiges geben, auf beiden Seiten einschlagen und mit Hilfe des Tuches auf ein gefettetes oder mit Backpapier ausgelegtes Blech legen.
- Mit Ei bestreichen und bei 175 Grad etwa 30 Minuten backen.

VARIATION

- Der Strudel kann auch nach dem Backen mit etwas Honigwasser (1 Esslöffel Honig mit 1 Esslöffel Wasser kurz erwärmen) bestrichen werden.

APFELSTRUDEL MIT MÜRBTEIG

Ergibt 1 großen Strudel

ZUTATEN

- 300 g Weizen oder Dinkel, fein gemahlen
- 150 g Akazienhonig
- 150 g Butter
- 1 Ei
- etwas Zitronenschale
- ½ Pkg. Naturbackpulver

FÜLLUNG

- 500 g Äpfel
- 3 EL Sultaninen
- 2 EL Haselnüsse, grob gerieben
- 1 TL Zimtpulver
- 1 Msp. Nelkenpulver
- 1 Msp. Naturvanille
- ½ Zitrone, Saft
- 1–2 EL Honig (wenn die Äpfel säuerlich sind)
- 1 Ei zum Bestreichen

ZUBEREITUNG

- Das Mehl mit den restlichen Zutaten in eine Schüssel geben und alles zu einem geschmeidigen Teig verkneten.
- Zugedeckt in den Kühlschrank stellen und mindestens 2 Stunden rasten lassen.
- Für die Füllung die Äpfel vierteln, mit der Schale in nicht zu feine Scheiben hobeln und mit den anderen Zutaten vermischen.
- Den Teig auf einem Küchentuch mit etwas Mehl ausrollen, die Füllung in die Mitte des Teiges geben und von beiden Seiten zusammenklappen. Mit Hilfe des Tuches auf ein bemehltes oder mit Backpapier belegtes Blech legen.
- Mit Ei bestreichen und bei 160 Grad etwa 30 Minuten backen.

TOPFENSTRUDEL

Ergibt 2 kleine Strudel

ZUTATEN

Mürbteig siehe Apfelstrudel

FÜLLUNG

- 400 g Ricotta
- 120 g Akazienhonig
- etwas Zitronenschale
- 2 EL Vollkornbrösel
- 2 Eigelb
- 100 g Sultaninen
- 2 Msp. Naturvanille
- 1 Ei zum Bestreichen

ZUBEREITUNG

- Für die Füllung alle Zutaten gut vermischen.
- Den Mürbteig in zwei gleiche Teile teilen und jede Hälfte auf einem Küchentuch mit etwas Mehl ausrollen.
- Die Füllung in die Mitte des Teiges geben und von beiden Seiten zusammenklappen. Mit Hilfe des Tuches auf ein bemehltes oder mit Backpapier belegtes Blech legen.
- Mit Ei bestreichen und bei 160 Grad etwa 30 Minuten backen.

Apfelstrudel mit Mürbteig   Topfenstrudel

Ergibt 2 Zöpfe

HEFEZOPF

ZUTATEN

- 500 g Dinkel, fein gemahlen
- 50 g Mandeln, gehackt und getoastet
- 170 g Sultaninen
- 1 TL Vollmeersalz
- 100 g Akazienhonig
- 60 g Butter
- 1 Msp. Naturvanille
- ½ Zitrone, Schale
- 1 EL Anis, ganz
- 150 g Sauerrahm
- 125 g Wasser
- 25 g Hefe

WEITERES

- 1 EL Zitronensaft
- 1 EL Honig

ZUBEREITUNG

- Mehl, Mandeln, Sultaninen, Salz, Honig, Butter, Vanille, Zitronenschale und Anis in eine Schüssel geben.
- Den Sauerrahm mit lauwarmem Wasser vermischen und die Hefe darin auflösen.
- Die Flüssigkeit zum Mehl gießen und alles zu einem geschmeidigen Teig verkneten. Einige Minuten gut durchkneten.
- Den Teig zugedeckt gehen lassen, bis sich das Volumen verdoppelt hat.
- Den Teig halbieren, aus jeder Hälfte je 3 gleich große Rollen formen und daraus zwei Zöpfe flechten.
- Auf ein bemehltes Backblech legen. Nochmals zugedeckt etwas gehen lassen.
- Bei 175 Grad 30–40 Minuten backen.
- Zitronensaft und Honig erwärmen und den Zopf damit bestreichen.

Für 1 Kastenform

SCHOKOLADENKUCHEN

ZUTATEN

- 60 g Butter
- 2 EL Kakaopulver
- 200 g Akazienhonig
- 130 g Butter
- 4 Eier
- 200 g Dinkel, fein gemahlen
- ½ Pkg. Naturbackpulver
- 1 Msp. Naturvanille

ZUBEREITUNG

- 60 g Butter mit Kakaopulver im Wasserbad erwärmen, vom Herd nehmen und dann 60 g Honig zufügen und gut verrühren. Abkühlen lassen.
- Die Butter mit dem restlichen Honig flaumig rühren und nach und nach die Eier dazugeben Die abgekühlte Schokoladenmasse unterrühren. Das Mehl mit Backpulver und Vanille vermischen und langsam unter die Buttermasse rühren.
- Den Teig in eine mit Backpapier ausgelegte Kastenform füllen.
- Bei 175 Grad etwa 45–50 Minuten backen.

VARIATION

- Den Kuchen mit Schokoladenglasur überziehen und mit Kokosflocken bestreuen.

SCHOKOLADENGLASUR

ZUTATEN

- 70 g Butter
- 1–2 EL Kakaopulver
- 70 g Akazienhonig

ZUBEREITUNG

- Die Butter im Wasserbad langsam zergehen lassen. Das Kakaopulver zufügen und gut verrühren. Vom Herd nehmen.
- Den Honig zufügen und gut verrühren, bis eine homogene Masse entsteht.
- Die Glasur kann sofort verwendet werden.

TIPP

- Reicht für einen Kuchen in der Kastenform oder auf dem Backblech.

Hefezopf

Schokoladenkuchen

SCHOKOROULADE MIT KOKOSSAHNE

Ergibt 1 Roulade

ZUTATEN

- 3 große Eier
- 150 g Akazienhonig
- 3 EL heißes Wasser
- 1 Msp. Naturvanille
- 120 g Weizen oder Dinkel, fein gemahlen
- 1 TL Naturbackpulver
- 1½ EL Kakaopulver
- 1 Prise Vollmeersalz

FÜLLUNG

- 200–250 g Sahne
- 3–4 EL Kokosflocken
- 1–2 EL Honig nach Geschmack

ZUBEREITUNG

- Das Eigelb schaumig rühren und nach und nach Honig, Wasser und Vanille dazugeben. So lange rühren, bis eine cremige Masse entsteht.
- Das Mehl mit Backpulver und Kakaopulver vermischen und unter die Eigelbmasse rühren.
- Das Eiweiß mit Salz steif schlagen und vorsichtig unterheben.
- Die Biskuitmasse auf ein mit Backpapier belegtes Backblech streichen und bei 200 Grad etwa 8–10 Minuten backen.
- Das Biskuit sofort auf ein Tuch legen, das Backpapier mit kaltem Wasser bestreichen und vorsichtig abziehen. Das noch heiße Biskuit mit Hilfe des Tuches aufrollen.
- Die Sahne steif schlagen (wenn Honig zugefügt wird, die Sahne kurz anschlagen, dann den Honig zufügen und steif schlagen) und die Kokosflocken unterheben.
- Die erkaltete Roulade mit der Sahne bestreichen und zusammenrollen.

VARIATIONEN

- Die Roulade nur mit Sahne bestreichen oder einige klein geschnittene Früchte unter die Sahne mischen.
- Die Roulade mit Marillenmarmelade füllen.

BUCHWEIZENROULADE MIT PREISELBEERMARMELADE

Ergibt 1 Roulade

ZUTATEN

- 3 große Eier
- 130 g Akazienhonig
- 2 Msp. Naturvanille
- 80 g Buchweizen, fein gemahlen
- 30 g Weizen, fein gemahlen
- 1 TL Naturbackpulver
- 1 Prise Vollmeersalz

FÜLLUNG

- 200–250 g Sahne
- 150 g Preiselbeermarmelade

ZUBEREITUNG

- Das Eigelb schaumig rühren und nach und nach Honig und Vanille dazugeben. So lange rühren, bis eine cremige Masse entstanden ist.
- Das Buchweizenmehl und Weizenmehl mit dem Backpulver vermischen und unter die Eigelbmasse rühren.
- Das Eiweiß mit Salz steif schlagen und vorsichtig unterheben.
- Die Biskuitmasse auf ein mit Backpapier belegtes Backblech streichen und bei 200 Grad 8–10 Minuten backen.
- Das Biskuit sofort auf ein Tuch legen, das Backpapier mit kaltem Wasser bestreichen und vorsichtig abziehen.
- Das noch heiße Biskuit mit Hilfe des Tuches aufrollen und erkalten lassen.
- Die Sahne steif schlagen. Das Biskuit mit der Sahne bestreichen, die Preiselbeermarmelade darauf verteilen und zusammenrollen.

Schokoroulade mit Kokossahne   Buchweizenroulade mit Preiselbeermarmelade

Ergibt 1 Backblech

BUCHWEIZENSCHNITTEN

ZUTATEN

- 200 g Butter
- 200 g Akazienhonig
- 5 Eier
- 200 g Haselnüsse, fein gemahlen
- 200 g Buchweizen, mittelgrob gemahlen
- 1 Pkg. Naturbackpulver
- 1 Msp. Naturvanille

ZUM BESTREICHEN

- 250 g Preiselbeermarmelade
- etwas geschlagene Sahne zum Garnieren

ZUBEREITUNG

- Die Butter mit dem Honig flaumig rühren, nach und nach das Eigelb dazugeben und sehr cremig rühren.
- Haselnüsse, Buchweizenmehl, Backpulver und Vanille mischen und unter die Eigelbmasse rühren.
- Das Eiweiß zu steifem Schnee schlagen und vorsichtig unter den Teig heben.
- Ein Backblech mit Backpapier auslegen und den Teig einfüllen.
- Bei 160 Grad 20–30 Minuten backen.
- Den Kuchen auskühlen lassen und mit Preiselbeermarmelade bestreichen. Mit einem Tupfer Sahne garnieren.

VARIATION

- Schwarzplententorte: Den Teig in eine mit Backpapier ausgelegte runde Kuchenform füllen und bei 160 Grad 50–60 Minuten backen. Auskühlen lassen, durchschneiden, mit Marmelade füllen und mit Sahne servieren.

Ergibt 1 Roulade

BISKUITROULADE

ZUTATEN

- 3 große Eier
- 130 g Akazienhonig
- 3 EL heißes Wasser
- 2 Msp. Naturvanille
- 1 Msp. Zitronenschale
- 120 g Weizen oder Dinkel, fein gemahlen
- 1 TL Naturbackpulver
- 1 Prise Vollmeersalz

FÜLLUNG

- 250 g Erdbeeren oder andere Früchte
- 1 EL Akazienhonig
- 200–250 g Sahne

ZUBEREITUNG

- Das Eigelb schaumig rühren und nach und nach Honig, Wasser, Vanille und Zitronenschale dazugeben. So lange rühren, bis eine cremige Masse entstanden ist.
- Das Mehl mit Backpulver vermischen und unter die Eigelbmasse rühren.
- Das Eiweiß mit Salz steif schlagen und vorsichtig unterheben.
- Die Biskuitmasse auf ein mit Backpapier belegtes Backblech streichen und bei 200 Grad 8–10 Minuten backen.
- Das Biskuit sofort auf ein Tuch legen, das Backpapier mit kaltem Wasser bestreichen und vorsichtig abziehen.
- Das noch heiße Biskuit mit Hilfe des Tuches aufrollen und erkalten lassen.
- Die Erdbeeren waschen, in kleine Stücke schneiden und mit Honig vermischen.
- Die Sahne steif schlagen. Das Biskuit mit der Sahne bestreichen, die Erdbeeren darauf verteilen und zusammenrollen.

VARIATIONEN

- Die Roulade mit Sahne und anderen Früchten füllen.
- Mit Marmelade füllen.

Buchweizenschnitten

WINDBEUTEL

Ergibt 40–50 Windbeutel

ZUTATEN

250 g Wasser
50 g Butter
etwas Vollmeersalz
150 g Weizen, fein gemahlen
3–4 Eier (je nach Größe)

ZUBEREITUNG

- Wasser und Butter in einen Topf geben, salzen und zum Kochen bringen.
- Vom Herd nehmen und das Mehl einrühren.
- Wieder auf den Herd stellen und so lange rühren, bis sich der Teig vom Topfboden löst.
- Die Masse etwas erkalten lassen und dann die Eier nach und nach unterrühren. Etwa 30 Minuten rasten lassen.
- Den Teig in einen Spritzbeutel füllen und kleine Häufchen auf ein bemehltes Backblech spritzen.
- Die Windbeutel bei 180 Grad je nach Größe 20–30 Minuten backen.
- Danach auf 100 Grad zurückschalten und noch etwa 5 Minuten fertig backen.
- Zum Auskühlen auf ein Gitter legen.

TIPP

- Die Windbeutel können beliebig gefüllt werden: mit geschlagener Sahne und Früchten, mit Schoko-Nussmousse (siehe Seite 108, halbe Menge) oder Nusscreme.

NUSSCREME FÜR WINDBEUTEL

ZUTATEN

150 g Crème fraîche
100 g Topfen
1 Msp. Naturvanille
80 g Akazienhonig
3 EL Haselnussmus

ZUBEREITUNG

- Crème fraîche und Topfen cremig rühren.
- Vanille, Honig und Haselnussmus unterrühren.
- Die Masse in einen Spritzbeutel geben.
- Von den Windbeuteln den Deckel abschneiden und mit der Creme füllen.

VARIATIONEN

- Anstelle von Haselnussmus 100 g Haselnüsse toasten, sehr fein mahlen und unter die Topfenmasse rühren.
- Für ein leckeres Dessert unter die Nusscreme 100 g steif geschlagene Sahne heben.

HASELNUSS-HONIGSCHNITTEN

Ergibt etwa 50 Stück

ZUTATEN

250 g Haselnüsse, getoastet
½ TL Getreidekaffeepulver
125 g Akazienhonig

ZUBEREITUNG

- Die Haselnüsse fein mahlen und mit dem Kaffeepulver vermischen.
- Den Honig zufügen und so lange kneten, bis der Teig fest ist und gut zusammenhält. Zu Rollen formen und kalt stellen.
- Etwa 1 cm dicke Scheiben abschneiden.

Ergibt 1 Kastenform

APFEL-SULTANINENKUCHEN

ZUTATEN

150 g	Butter
4	Eier
230 g	Akazienhonig
300 g	Weizen, fein gemahlen
je 60 g	Sultaninen, Nüsse
200 g	Äpfel, geraspelt
1 Pkg.	Naturbackpulver
2 Msp.	Naturvanille

ZUBEREITUNG

- Die Butter zerlassen, Eier einrühren, Honig zufügen und alles verrühren.
- Die restlichen Zutaten vermischen und unter die Buttermasse rühren.
- In eine gefettete oder mit Backpapier ausgelegte Kastenform füllen.
- Bei 175 Grad 50–60 Minuten backen.

TIPP

- Den Teig auf ein mit Backpapier ausgelegtes Backblech streichen und bei 175 Grad etwa 30 Minuten backen.

Für 1 Kastenform

SCHOKOLADENKUCHEN SCHNELL

ZUTATEN

- 200 g Butter
- 200 g Akazienhonig
- 4 Eier
- 250 g Dinkel, fein gemahlen
- 1 Pkg. Naturbackpulver
- 2 EL Kakaopulver
- 1 Msp. Naturvanille

ZUBEREITUNG

- Die Butter mit dem Honig flaumig rühren und nach und nach die Eier dazugeben.
- Das Mehl mit Backpulver, Kakaopulver und Vanille vermischen und langsam unter die Butter-Eimasse rühren.
- Den Teig in eine mit Backpapier ausgelegte Kastenform füllen und bei 175 Grad etwa 50 Minuten backen.

TIPPS

- Den Kuchen mit Schokoladenglasur (siehe Seite 120) überziehen.
- Der Teig kann auch auf ein mit Backpapier belegtes Kuchenblech gestrichen werden. Backzeit: bei 175 Grad 20–30 Minuten.

Ergibt etwa 40 Waffeln

VOLLKORNWAFFELN

ZUTATEN

- 120 g Butter
- 150 g Akazienhonig
- 1 Msp. Naturvanille
- 3 Eier
- etwas Zitronenschale
- 250 g Weizen oder Dinkel, fein gemahlen
- 1 TL Naturbackpulver
- 200 g Milch (oder 150 g Wasser und 50 g Sahne)

ZUBEREITUNG

- Die Butter mit Honig und Vanille schaumig schlagen.
- Nach und nach das Eigelb und die Zitronenschale dazugeben.
- Das Mehl mit Backpulver vermischen und abwechselnd mit der Flüssigkeit unter die Eigelbmasse rühren. Den Teig etwa 30 Minuten rasten lassen.
- Dann das steif geschlagene Eiweiß unterheben.
- In einem leicht gefetteten Waffeleisen die Waffeln backen.

Ergibt 1 Backblech

MANDELSCHNITTEN

ZUTATEN TEIG

- 500 g Weizen, fein gemahlen
- 200 g Akazienhonig
- 250 g Butter
- 1 Ei
- 2 TL Naturbackpulver
- 1 Zitrone, Schale

ZUTATEN BELAG

- 120 g Butter
- 200 g Honig
- 4 EL Sahne
- 400 g Mandeln, grob gemahlen
- ½ TL Naturvanille

ZUBEREITUNG

- Für den Mürbteig alle Zutaten zusammenkneten und mindestens 30 Minuten ruhen lassen.
- Für den Belag Butter, Honig und Sahne erhitzen, Mandeln und Vanille unterrühren und abkühlen lassen.
- Den Teig mit etwas Mehl ausrollen und auf ein Blech legen.
- Die Honig-Nussmasse auf dem Teig verteilen und bei 175 Grad etwa 15 Minuten backen.
- Etwas erkalten lassen und dann in kleine Stücke schneiden.

Ergibt etwa 20 Kugeln

SCHOKOKUGELN (ABB. SEITE 133)

ZUTATEN

- 100 g Haselnüsse
- 40 g Akazienhonig
- 1 Msp. Naturvanille
- 1 EL Kakaopulver
- 1 EL Butter

ZUBEREITUNG

- Die Nüsse auf ein Backblech geben und im Ofen bei 200 Grad rösten, bis sich die Schale leicht löst (max. 12 Minuten, je nachdem, ob die Nüsse in das kalte oder schon heiße Backrohr geschoben werden).
- Auskühlen lassen und dann im Mixgerät fein mahlen.
- Die gemahlenen Haselnüsse mit den restlichen Zutaten verkneten. Sollte die Masse zu fest sein, gibt man ein paar Tropfen Wasser oder Sahne dazu.
- Etwas rasten lassen und Kugeln formen.
- Die Kugeln in kleine Konfektschalen setzen.

VARIATIONEN

- Für Rumkugeln der Masse 1–2 Esslöffel Rum hinzufügen.
- Die Kugeln in Kokosflocken oder geriebenen Haselnüssen wälzen.

Ergibt etwa 20 Stück

NUSSKROKANTHÄUFCHEN (ABB. SEITE 133)

ZUTATEN

- 50 g Butter
- 50 g Akazienhonig
- 2 EL Sahne
- 100 g Mandeln oder Haselnüsse (evtl. getoastet)
- 1 Msp. Naturvanille
- 4 EL feine Haferflocken

ZUBEREITUNG

- Butter, Honig und Sahne in einem Kochtopf schmelzen und vorsichtig 1 Minute aufkochen lassen. Vom Herd nehmen und etwas auskühlen lassen.
- Die Nüsse mittelgrob mahlen und mit Vanille und Haferflocken vermischen.
- Diese Mischung unter die Buttermasse rühren und mit einem Teelöffel kleine Häufchen auf eine Edelstahlplatte oder einen Porzellanteller setzen.
- Für mindestens 1 Stunde in den Kühlschrank stellen.
- Die Häufchen dann in Konfektschalen geben.

Ergibt 20 Stück

DATTELSCHIFFCHEN

ZUTATEN

- 20 Datteln

MARZIPAN

- 100 g Mandeln
- 1 EL Akazienhonig
- Tropfen Bittermandelaroma oder 1 EL Rosenwasser

ZUBEREITUNG

- Die Mandeln mit heißem Wasser überbrühen, die Schale abziehen und im Backrohr bei 100 Grad 30 Minuten trocknen lassen. Ansonsten die Mandeln mindestens einen Tag trocknen lassen.
- Fein mahlen und mit Honig und Bittermandelaroma oder Rosenwasser gut verkneten, bis eine glänzende homogene Masse entstanden ist.
- Die Datteln entkernen, aus dem Marzipan kleine Würstchen formen und die Datteln damit füllen. Eine Gabel in kaltes Wasser tauchen und damit ein Muster auf die Marzipanmasse drücken.

VARIATIONEN

- Die Datteln mit Nusscreme (siehe Seite 126) füllen.
- Die Marzipanmasse kann auch nur mit Mandeln und Honig zubereitet werden.

TIPPS

- Rosenwasser erhalten Sie in der Apotheke oder in der Drogerie.
- Mit der Marzipanmasse können auch Torten verziert werden.

Ergibt 1 Backblech

HONIG-KROKANT

ZUTATEN

- je 150 g Mandeln, Haselnüsse, Walnüsse, Sesam, Sonnenblumenkerne
- 250 g Akazienhonig
- 60 g Hartweizen, fein gemahlen
- etwas Zimt
- 1 Msp. Zitronenschale
- 2 Msp. Naturvanille
- 1 EL Rum
- 1 EL Butter oder Öl zum Ausfetten

ZUBEREITUNG

- Mandeln, Haselnüsse und Walnüsse grob mahlen.
- In einer großen Pfanne alle Zutaten mischen, unter ständigem Rühren erhitzen und ein paar Minuten rösten lassen.
- Auf ein befettetes Blech streichen, am besten mit feuchten Händen fest andrücken, in kleine Quadrate oder Rechtecke schneiden und bei 160 Grad etwa 20 Minuten hellbraun backen.
- Solange das Krokant noch warm ist, in die vorgeschnittene Form brechen und luftdicht aufbewahren.

TIPP

- Mit Schokoladenglasur (siehe Seite 120) bestreichen.

Ergibt etwa 45 Stück

FRUCHTSCHNITTEN

ZUTATEN

- 200 g Haselnüsse (evtl. auch getoastet)
- 150 g Marillen oder Sultaninen
- 70 g Akazienhonig

WEITERES

- etwas gemahlene Nüsse oder Kokosflocken

ZUBEREITUNG

- Die Haselnüsse mahlen.
- Die fein geschnittenen Marillen oder Sultaninen mit den Nüssen vermischen und in einem Mixgerät nochmals zerkleinern.
- Den Honig zufügen, gut verkneten, eine Rolle formen und kühl stellen.
- Dann Scheiben abschneiden. Mit einer Gabel etwas flach drücken oder in gemahlenen Nüssen oder Kokosflocken wälzen.

Ergibt etwa 40 Stück

KNABBERECKEN

ZUTATEN

- 70 g Sonnenblumenkerne
- 70 g Sesam
- 200 g Akazienhonig
- 75 g Butter
- 200 g Haferflocken (frisch gequetscht)
- 50 g Korinthen oder Sultaninen
- ½ TL Naturvanille
- ½ TL Zimtpulver

ZUBEREITUNG

- Sonnenblumenkerne und Sesam nacheinander in einer trockenen Pfanne anrösten.
- Honig und Butter bei kleiner Flamme etwas karamellisieren lassen und Sonnenblumenkerne, Sesam, Haferflocken, Korinthen, Vanille und Zimt einrühren.
- Die Masse etwas auskühlen lassen und auf ein Brett oder Blech geben. Ein Nudelholz mit kaltem Wasser abspülen und die Masse etwa 1 cm dick ausrollen. Dann Dreiecke oder Rechtecke schneiden und auf ein Backblech legen.
- Bei 175 Grad etwa 10 Minuten backen.

VARIATION

- Die Knabberecken können auch ohne zu backen serviert werden.

Honig-Krokant   Fruchtschnitten   Knabberecken

NUSSTALER

Ergibt etwa 100 Stück

ZUTATEN

250 g	Weizen oder Dinkel, fein gemahlen
1 TL	Backpulver
125 g	Akazienhonig
etwas	Naturvanille
1	Ei
160 g	Butter
125 g	Haselnüsse, grob gemahlen

ZUBEREITUNG

- Alle Zutaten zu einem Teig verkneten und kühl stehen lassen, damit er fester wird.
- Dann aus der Masse 5 Rollen von etwa 3 cm Durchmesser formen und diese etwa 30 Minuten kühl stellen.
- Dann davon 1 cm dicke Scheiben abschneiden und auf ein Backblech setzen.
- Die Plätzchen 10–15 Minuten bei 160 Grad backen.
- Eventuell mit Schokoladenglasur (siehe Seite 120) bestreichen.

SCHOKOSCHIFFCHEN

Ergibt etwa 70 Stück

ZUTATEN

150 g	Butter
120 g	Akazienhonig
1 Msp.	Naturvanille
1	Eigelb
200 g	Weizen oder Dinkel, fein gemahlen
2 EL	Kakaopulver
1 TL	Naturbackpulver
125 g	Mandeln, fein gemahlen

WEITERES

60 g	Mandeln, abgezogen und halbiert

ZUBEREITUNG

- Die Butter schaumig rühren, Honig, Vanille und Eigelb zufügen und cremig rühren.
- Das Mehl mit den restlichen Zutaten mischen und nach und nach unter die Buttermasse rühren. Den Teig kühl stellen.
- Aus dem Teig zwischen den Handballen etwa 4 cm lange Rollen formen, auf ein gefettetes Backblech legen und je eine Mandelhälfte in die Mitte drücken.
- Bei 160 Grad 10–15 Minuten backen.

VANILLEKIPFERLN

Ergibt etwa 100 Stück

ZUTATEN

300 g	Weizen oder Dinkel, fein gemahlen
½ TL	Naturbackpulver
150 g	Akazienhonig
½ TL	Naturvanille
3	Eigelb
200 g	Butter
125 g	Mandeln, fein gemahlen

ZUBEREITUNG

- Alle Zutaten zu einem geschmeidigen Teig verkneten und so lange kalt stellen, bis ein fester, gut formbarer Teig entstanden ist.
- Aus dem Teig kleine Kipferln formen und auf ein leicht gefettetes Backblech legen.
- Bei 160 Grad 10–15 Minuten backen. Auf dem Blech etwas auskühlen lassen und erst dann herunternehmen. Eventuell die Spitzen mit Schokoladenglasur (siehe Seite 120) bestreichen.

Nusskrokanthäufchen (Seite 129)
Schokokugeln (Seite 129)
Nusstaler
Schokoschiffchen

LEBKUCHEN

Ergibt 80–100 Stück

ZUTATEN

- 380 g Honig
- 2 Eier
- 60 g Butter
- 250 g Weizen, fein gemahlen
- 250 g Roggen, fein gemahlen
- 1–2 TL Lebkuchengewürz
- 1 Zitrone, Schale
- 2 TL Natron

WEITERES

- 1 Ei
- 50 g Mandeln abgezogen und halbiert

ZUBEREITUNG

- Den Honig erwärmen (nicht über 40 Grad), damit er flüssig wird.
- Eier, Butter und weichen Honig in eine Rührschüssel geben und alles schaumig rühren.
- Das Mehl mit Lebkuchengewürz und Zitronenschale mischen und zur Eimasse geben.
- Natron in wenig Wasser auflösen und unter den Teig kneten.
- Den Teig zudecken und über Nacht ruhen lassen.
- Dann den Teig 1 cm dick ausrollen, Plätzchen ausstechen, mit verquirltem Ei bepinseln und eine halbierte Mandel daraufsetzen.
- Bei 175 Grad 10–15 Minuten backen.

WALNUSSPLÄTZCHEN

Ergibt etwa 80 Stück

ZUTATEN

- 200 g Dinkel, fein gemahlen
- 120 g Akazienhonig
- 1 Eigelb
- 125 g Butter
- 100 g Walnüsse, fein gemahlen
- etwas Zitronenschale

WEITERES

- 1 Ei zum Bestreichen
- 3 EL Walnüsse, gehackt
- Marillenmarmelade zum Füllen

ZUBEREITUNG

- Alle Zutaten zu einem geschmeidigen Teig verkneten und zugedeckt mindestens 30 Minuten kalt stellen.
- Den Teig portionenweise auf einer leicht bemehlten Arbeitsfläche 2–4 mm dick ausrollen. Mit einem runden Ausstecher Plätzchen ausstechen und auf ein leicht gefettetes Backblech legen.
- Die Hälfte der Plätzchen mit Ei bestreichen und einige gehackte Walnüsse daraufgeben.
- Bei 170 Grad 8–10 Minuten backen. Auf dem Blech etwas auskühlen lassen und erst dann herunternehmen.
- Zum Schluss mit Marmelade füllen.

MANDELLAIBCHEN

Ergibt etwa 90 Stück

ZUTATEN

- 250 g Butter
- 200 g Akazienhonig
- Naturvanille
- 1 Eigelb
- 300 g Dinkel, fein gemahlen
- 100 g Mandeln, fein gemahlen

WEITERES

- 1 Eigelb zum Bestreichen
- 60 g Mandeln, abgezogen und halbiert

ZUBEREITUNG

- Die Butter schaumig rühren.
- Honig, Vanille und Eigelb zufügen und cremig rühren.
- Das Mehl mit den Mandeln mischen und nach und nach unter die Buttermasse rühren. Den Teig zugedeckt kühl stellen.
- Aus dem Teig kleine Kugeln formen und auf ein gefettetes Backblech setzen.
- Die Oberfläche mit dem verquirlten Eigelb bestreichen und je eine Mandelhälfte in die Mitte drücken.
- Bei 160 Grad 10–15 Minuten backen.

FRÜCHTEBROT

Ergibt 1 Kastenform

ZUTATEN

- 160 g Feigen
- je 60 g Haselnüsse, Mandeln und Sultaninen
- ½ Zitrone, Saft und Schale
- 1 Orange, Saft und Schale
- 1½ TL Zimtpulver
- ¼ TL Nelkenpulver
- 1 EL Rum
- 2 Eier
- 100 g Honig
- 200 g Weizen, fein gemahlen
- 3 TL Naturbackpulver
- 150 g Milch
- 50 g zerlassene Butter

ZUBEREITUNG

- Die Feigen klein aufschneiden, die Haselnüsse und Mandeln grob mahlen.
- In eine Schüssel geben und Sultaninen, Saft und Schale von Zitrone und Orange, Zimtpulver, Nelkenpulver und Rum dazugeben und über Nacht ziehen lassen.
- Die Eier flaumig rühren und nach und nach den Honig unterrühren.
- Das Mehl mit dem Backpulver mischen und mit der Milch und der zerlassenen Butter unter die Eigelbmasse heben.
- Zum Schluss die Früchtemischung unterrühren.
- Die Masse in eine mit Butterpapier ausgelegte Kastenform füllen und bei 175 Grad etwa 45 Minuten backen.
- Das Früchtebrot auf einem Gitter gut auskühlen lassen.

ZELTEN

Ergibt 8 Zelten

TEIG

- 500 g Roggen, fein gemahlen
- 100 g Weizen, fein gemahlen
- 15 g Hefe
- Vollmeersalz
- Wasser

FRÜCHTEMISCHUNG

- 450 g Feigen (würfelig geschnitten)
- 400 g Sultaninen
- 300 g Korinthen
- 150 g gemischte Nüsse (ganz und gehackt)
- ½ TL Nelkenpulver
- 2 TL Zimt
- 70 g Rum
- 1 Orange, Schale und Saft

ZUM VERZIEREN

- abgezogene Mandeln, Korinthen, Pinienkerne, Walnüsse
- 2 EL Honig
- 2 EL Wasser

ZUBEREITUNG

- Einen Tag vorher 100 g Roggenmehl mit der Hefe und etwas Wasser verrühren und zugedeckt 12 Stunden stehen lassen. Dann wiederum 100 g Roggenmehl dazugeben und nochmals 12 Stunden stehen lassen.
- Ebenfalls einen Tag vorher die Früchte mit den übrigen Zutaten mischen und zugedeckt ziehen lassen.
- Nun das restliche Mehl zum Vorteig geben, Salz und Wasser hinzufügen und gut verkneten, sodass ein eher feuchter Brotteig entsteht (er soll noch an den Händen kleben).
- Die Früchtemischung mit dem Teig vermischen und auf einer Arbeitsfläche mit nassen Händen Zelten formen. Mit etwas Wasser bestreichen, auf ein gebuttertes Backpapier legen und verzieren.
- Die Zelten bei 160 Grad je nach Größe etwa 1 Stunde backen.
- Zum Auskühlen auf ein Gitter legen.
- Honig mit Wasser erwärmen und die noch heißen Zelten damit bestreichen.
- Die erkalteten Zelten in Zellophanpapier einwickeln.

Ergibt etwa 15 Brötchen

WEIZENBRÖTCHEN

ZUTATEN

500 g	Weizen, fein gemahlen
1 TL	Vollmeersalz
1–2 EL	Anis, Fenchel, Sonnenblumenkerne, Leinsamen oder Sesam
50 g	Butter
25 g	Hefe
etwa 350 g	lauwarmes Wasser

ZUBEREITUNG

- Das Mehl in eine Schüssel geben, salzen, die Gewürze oder Fettsamen und die weiche Butter hinzugeben.
- Die Hefe im Wasser auflösen, zum Mehl gießen und alles zu einem geschmeidigen Teig kneten. An einem warmen Ort zugedeckt gehen lassen, bis sich das Volumen verdoppelt hat.
- Aus dem Teig kleine Brötchen oder Weggen formen und auf ein bemehltes Backblech legen.
- Zugedeckt nochmals etwas gehen lassen.
- Die Brötchen bei 200 Grad je nach Größe 15–20 Minuten backen.
- Zum Auskühlen auf ein Gitter legen.

VARIATIONEN

- Gewürze und Fettsamen weglassen.
- Die Oberfläche der Brötchen vor dem Backen in Wasser tauchen, in Sonnenblumenkernen, Leinsamen oder Sesam wälzen und auf das Backblech setzen.

Ergibt etwa 30 Brötchen

SCHNELLE WEIZENBRÖTCHEN

ZUTATEN

1 kg	Weizen, fein gemahlen
2 TL	Vollmeersalz
60 g	Hefe
etwa 700 g	lauwarmes Wasser
80 g	Butter, zerlassen
2 EL	Mohn, Sesam oder Leinsamen zum Wälzen

ZUBEREITUNG

- Das Mehl mit Salz vermischen.
- Die Hefe im Wasser auflösen, zum Mehl gießen und alles zu einem geschmeidigen Teig verkneten.
- Während des Knetens langsam die zerlassene Butter unterkneten.
- Den Teig nicht gehen lassen!
- Mit einem Löffel Portionen abstechen, in Mehl wälzen, die Oberfläche der Brötchen in Wasser tauchen, dann in Mohn, Sesam oder Leinsamen wälzen und auf ein bemehltes Blech setzen.
- Nun die Brötchen 15–20 Minuten gehen lassen.
- Die Brötchen bei 200 Grad 15–20 Minuten backen.
- Zum Auskühlen auf ein Gitter legen.

Ergibt etwa 30 Brötchen

VINSCHGERLEN

ZUTATEN SAUERTEIG

- 150 g Roggen, fein gemahlen
- 150 g lauwarmes Wasser
- 1 TL Kümmel

NACH DEM 3. TAG: VORTEIG

- 300 g Roggen, fein gemahlen
- 300 g lauwarmes Wasser

HAUPTTEIG

- 20 g Hefe
- ca. 400 g lauwarmes Wasser
- 600 g Weizen, fein gemahlen
- 2 EL Brotklee
- 2 EL Kümmel
- 2 TL Vollmeersalz

ZUBEREITUNG SAUERTEIG

- 50 g Roggenmehl mit 50 g Wasser und Kümmel verrühren. Zugedeckt an einem warmen Ort (etwa 30 Grad) 24 Stunden stehen lassen.
- Nochmals 50 g Roggenmehl und 50 g Wasser zufügen und 24 Stunden stehen lassen.
- Dann wiederum 50 g Roggenmehl und 50 g Wasser unterrühren und für weitere 24 Stunden zugedeckt stehen lassen. Nun sollte der Sauerteig zur Weiterverarbeitung fertig sein (hängt von der Temperatur ab).

ZUBEREITUNG VORTEIG

- Den Sauerteig mit Mehl und Wasser verrühren und wiederum 12–24 Stunden zugedeckt stehen lassen.
- Von diesem Sauerteig etwa 150 g wegnehmen und für die nächste Brotzubereitung aufbewahren (in einem Behälter oder Schraubglas ist dieser Sauerteig im Kühlschrank etwa 1 Woche haltbar).

ZUBEREITUNG HAUPTTEIG

- Die Hefe im lauwarmen Wasser auflösen.
- Das Mehl, die Gewürze und den Sauerteig mit dem Wasser vermischen und zu einem geschmeidigen Teig kneten.
- Zugedeckt gehen lassen, bis sich das Volumen verdoppelt hat.
- Mit einem Esslöffel kleine Portionen abstechen, in Mehl wälzen und Brötchen formen. Auf ein bemehltes Backblech legen und nochmals gehen lassen. Die Brote bei 220 Grad etwa 15–25 Minuten backen.
- Zum Auskühlen auf ein Gitter legen.

TIPP

- Bei der nächsten Brotzubereitung wird mit dem aufbewahrten Sauerteig wiederum der Vorteig zubereitet. Man gibt also den Sauerteig in eine Schüssel, fügt 300 g Roggenmehl und 300 g Wasser hinzu, verrührt es gut und lässt diesen Teig zugedeckt 12–24 Stunden stehen. Dann wird der Hauptteig zubereitet.

HASELNUSSWEGGELEN

Ergibt etwa 15 Brötchen

ZUTATEN

- 500 g Weizen oder Dinkel, fein gemahlen
- 1 TL Vollmeersalz
- 100 g Haselnüsse, fein gemahlen
- 25 g Hefe
- etwa 350 g lauwarmes Wasser
- 50 g Samenöl oder Butter

ZUBEREITUNG

- Das Mehl mit Salz und Nüssen in eine Schüssel geben und mischen.
- Die Hefe im lauwarmen Wasser auflösen, zum Mehl geben und alles zu einem Teig verkneten.
- Das Öl dazugießen und kräftig kneten.
- Den Teig zugedeckt gehen lassen, bis sich das Volumen verdoppelt hat.
- Mit einem Löffel Portionen abstechen, in Mehl wälzen, längliche Brötchen formen und auf ein bemehltes Backblech legen. Mit einer Schere oder einem Messer einschneiden.
- Nochmals 5–10 Minuten gehen lassen und bei 200 Grad 15–20 Minuten backen.
- Zum Auskühlen auf ein Gitter legen.

LEINSAMENBRÖTCHEN

Ergibt etwa 30 Brötchen

ZUTATEN

- 450 g Weizen, fein gemahlen
- 450 g Dinkel, fein gemahlen
- 100 g Leinsamen
- 40 g Hefe
- 600–700 g lauwarmes Wasser
- 1 EL Vollmeersalz
- ½ TL Koriander oder Fenchel, gemahlen
- 125 g Joghurt
- 2–3 EL Leinsamen zum Bestreuen

ZUBEREITUNG

- Das Mehl mit Leinsamen in eine Schüssel geben.
- Die Hefe im lauwarmen Wasser auflösen und dazugießen und die restlichen Zutaten hinzufügen.
- Alles etwa 10 Minuten zu einem geschmeidigen Teig kneten. An einem warmen Ort gehen lassen, bis sich das Volumen verdoppelt hat.
- Danach den Teig nochmals kräftig durchkneten. Teigstücke abstechen, in Mehl wälzen und Brötchen oder größere Brotlaibe formen. Zum Beispiel eine größere Kugel formen, in der Mitte einen runden Ausstecher eindrücken und das Brot außen 5–6 Mal tief einschneiden.
- Die Oberfläche der Brötchen in Wasser tauchen und dann in Leinsamen wälzen.
- Auf ein bemehltes Backblech geben und etwa 10 Minuten gehen lassen. Bei 200 Grad etwa 20 Minuten backen.
- Zum Auskühlen auf ein Gitter legen.

VARIATION

- 100 g Buchweizen fein mahlen und unter das Mehl mischen. Statt Fenchel oder Koriander 1 Esslöffel Anis dazugeben und etwas mehr Wasser verwenden.

Ergibt etwa 30 Brötchen

VOLLKORNBROTE

ZUTATEN

- 750 g Weizen, fein gemahlen
- 250 g Roggen, fein gemahlen
- 2 TL Vollmeersalz
- 1 EL Fenchel
- 2 EL Kümmel
- 1 EL Brotklee
- 30 g Hefe
- etwa 850 g lauwarmes Wasser

ZUBEREITUNG

- Das Mehl in eine Schüssel geben und mit Salz, Fenchel, Kümmel und Brotklee vermischen.
- Die Hefe im Wasser auflösen und zum Mehl geben. Alles zu einem geschmeidigen Teig verkneten.
- Zugedeckt etwa 1 Stunde gehen lassen.
- Mit einem Löffel Portionen abstechen, in Mehl wälzen, Brote formen und auf ein bemehltes Backblech legen.
- Nochmals etwas gehen lassen und bei 220 Grad etwa 15–20 Minuten backen.
- Zum Auskühlen auf ein Gitter legen.

TIPP

- Aus dem Teig 3–4 große Laibe formen. Diese etwa 30 Minuten backen.

Ergibt etwa 15 Brötchen

VIERKORNBRÖTCHEN

ZUTATEN

- 350 g Dinkel, fein gemahlen
- 70 g Hartweizen, fein gemahlen
- 50 g Hirse, fein gemahlen
- 50 g Buchweizen, fein gemahlen
- 1 TL Vollmeersalz
- 1 TL Anis
- 2 EL Öl
- 25 g Hefe
- 350–400 g lauwarmes Wasser

ZUBEREITUNG

- Mehl mit Salz, Anis und Öl in eine Schüssel geben und vermischen.
- Die Hefe im lauwarmen Wasser auflösen, zum Mehl gießen und alles etwa 10 Minuten zu einem geschmeidigen Teig kneten. An einem warmen Ort zugedeckt gehen lassen, bis sich das Volumen verdoppelt hat.
- Danach den Teig nochmals durchkneten. Mit dem Löffel Portionen abstechen, in Mehl wälzen, Brötchen formen, auf ein bemehltes Backblech geben und etwa 10 Minuten gehen lassen.
- Bei 200 Grad etwa 20 Minuten backen.
- Zum Auskühlen auf ein Gitter legen.

Vollkornbrote

Vierkornbrötchen
Zwiebelaufstrich (Seite 154)
Schokoladenaufstrich (Seite 156)

Ergibt etwa 15 Brötchen

FEINE DINKELBRÖTCHEN

ZUTATEN

- 350 g Dinkel, fein gemahlen
- 150 g Hartweizen, fein gemahlen
- 1 TL Vollmeersalz
- 25 g Hefe
- etwa 300 g lauwarmes Wasser
- 80 g Sahne
- 2 EL Sesam oder Mohn zum Verzieren

ZUBEREITUNG

- Das Mehl in eine Schüssel geben und salzen.
- Die Hefe in Wasser und Sahne auflösen, zum Mehl gießen und alles zu einem geschmeidigen Teig kneten.
- Dabei die Hände in kaltes Wasser tauchen und weiterkneten.
- An einem warmen Ort zugedeckt gehen lassen, bis sich das Volumen verdoppelt hat.
- Aus dem Teig Brötchen formen, die Oberfläche in Wasser tauchen, dann in Mohn oder Sesam wälzen.
- Auf ein bemehltes Backblech legen und mit dem Messer oder einer Schere verschieden einschneiden. Zugedeckt nochmals etwa 10 Minuten gehen lassen.
- Die Brötchen bei 200 Grad etwa 15–20 Minuten backen.
- Zum Auskühlen auf ein Gitter legen.

Ergibt etwa 30 Brötchen

SAUERRAHMBRÖTCHEN

ZUTATEN

- 500 g Dinkel, fein gemahlen
- 500 g Roggen, fein gemahlen
- 30 g Hefe
- etwa 600 g lauwarmes Wasser
- 400 g Sauerrahm
- 2 TL Vollmeersalz
- 1 EL Fenchel

ZUBEREITUNG

- Das Mehl in eine Schüssel geben.
- Hefe in 200 g Wasser auflösen, in der Mitte des Mehles eine Vertiefung drücken, das Wasser hineingeben und mit etwas Mehl zu einem dicklichen Brei verrühren. Zugedeckt 15 Minuten gehen lassen.
- Das restliche Wasser, Sauerrahm, Salz und Fenchel zugeben und alles 10 Minuten kneten. Zugedeckt gehen lassen, bis sich das Volumen verdoppelt hat.
- Mit einem Löffel kleine Portionen abstechen, in Mehl wälzen, zu Brötchen formen und auf ein bemehltes Backblech setzen.
- Nochmals 5–10 Minuten gehen lassen und bei 220 Grad 15–20 Minuten backen.

DINKELKASTENBROT

Ergibt 1 Kastenbrot

ZUTATEN

- 500 g Dinkel, fein gemahlen
- 25 g Hefe
- 1 TL Honig
- 300–350 g lauwarmes Wasser
- 25 g Butter oder Öl
- 1 TL Vollmeersalz

ZUBEREITUNG

- Das Mehl in eine Schüssel geben.
- Die Hefe mit dem Honig im lauwarmen Wasser auflösen, zum Mehl gießen und mit etwas Mehl zu einem dicklichen Brei verrühren. Zugedeckt 15 Minuten gehen lassen.
- Dann die restlichen Zutaten untermischen und alles zu einem geschmeidigen Teig kneten.
- Den Teig zugedeckt etwa 1 Stunde ruhen lassen.
- Nun den Teig in eine gefettete Kastenform legen und 5–10 Minuten gehen lassen.
- Das Brot bei 220 Grad 10 Minuten backen, dann zurückschalten und bei etwa 190 Grad 40–45 Minuten fertig backen.
- Nach dem Backen das Brot mit Wasser besprühen, aus der Form nehmen und auf einem Gitter auskühlen lassen.

VARIATION

- Unter den Teig 50 g Leinsamen und 50 g Sonnenblumenkerne mischen.

DREIKORNKASTENBROT

Ergibt 1 Kastenbrot

ZUTATEN

- 175 g Weizen, fein gemahlen
- 175 g Dinkel, fein gemahlen
- 150 g Roggen, fein gemahlen
- 1 TL Vollmeersalz
- 20 g Hefe
- etwa 400 g lauwarmes Wasser
- 2 EL Sesam oder Haferflocken zum Bestreuen

ZUBEREITUNG

- Das Mehl in eine Schüssel geben und das Salz zufügen.
- Die Hefe im lauwarmen Wasser auflösen, zum Mehl gießen und alles kräftig durchkneten.
- Zugedeckt gehen lassen, bis sich das Teigvolumen verdoppelt hat.
- Eine Kastenform ausfetten und mit Sesam oder Haferflocken ausstreuen.
- Den Teig nochmals kurz durchkneten, eine Rolle formen und in die Kastenform geben.
- Den Teig mit Wasser bestreichen und mit Sesam oder Haferflocken bestreuen.
- Nun den Teig etwa 10 Minuten gehen lassen und dann bei 220 Grad 10 Minuten backen, auf 190 Grad zurückschalten und noch weitere 40 Minuten backen.
- Nach dem Backen das Brot mit Wasser besprühen, aus der Form nehmen und auf einem Gitter auskühlen lassen.

VARIATION

- Unter den Teig Fenchel oder Kümmel kneten.

Dinkelkastenbrot   Dreikornkastenbrot

Ergibt etwa 20 Brötchen

DINKEL-KAMUTBROT

ZUTATEN

500–600 g	Wasser
50 g	Hefe
1 ½ TL	Vollmeersalz
1 TL	Honig
1 TL	Butter
500 g	Dinkel, fein gemahlen
250 g	Kamut, fein gemahlen

ZUBEREITUNG

- In einer Schüssel Wasser mit Hefe, Salz, Honig und Butter verrühren, nach und nach das Mehl einrühren und alles kräftig kneten. Den Teig nicht gehen lassen.
- Das Backrohr auf 200 Grad vorheizen.
- Aus dem Teig mit Hilfe von Mehl Brötchen oder Baguettes formen und auf ein bemehltes Blech legen. Dort 10–12 Minuten gehen lassen (bei zu kurzer Gehzeit springen die Brötchen auf).
- Das Brot je nach Größe 15–25 Minuten bei 200 Grad backen. Eine Schüssel mit Wasser ins Backrohr geben.
- Zum Auskühlen auf ein Gitter legen.

VARIATIONEN

- Die Brötchen mit Sesam, Sonnenblumenkerne oder Mohn bestreuen.
- Unter den Teig andere Zutaten wie Butter, gebratene Zwiebel, Oliven, Nüsse kneten.
- Dieser Teig kann auch als Pizzateig verwendet werden.

Ergibt etwa 20 Brötchen

HAFERFLOCKENBRÖTCHEN

ZUTATEN

500 g	Weizen, fein gemahlen
25 g	Hefe
etwa 400 g	lauwarmes Wasser
170 g	Hafer, geschrotet oder zu feinen Flocken gequetscht
50 g	Butter
1 TL	Vollmeersalz

ZUBEREITUNG

- Das Mehl in eine Schüssel geben.
- Wasser und Hefe verrühren, zum Mehl gießen, gut verkneten und etwa 20 Minuten zugedeckt gehen lassen.
- Von den Haferflocken 2–3 Esslöffel zum Bestreuen aufbewahren. Die restlichen Haferflocken mit Butter und Salz zum Teig geben und alles zu einem geschmeidigen Teig verkneten.
- Nochmals etwa 30 Minuten gehen lassen. Aus dem Teig kleine runde Brötchen formen, die Oberfläche in Wasser tauchen, in Haferflocken wälzen und mit einem Messer oder einer Schere einschneiden. Nochmals 10–15 Minuten gehen lassen.
- Dann bei 200 Grad 15–20 Minuten backen.
- Zum Auskühlen auf ein Gitter legen.

Dinkel-Kamutbrot (Baguettes und Brötchen)   Haferflockenbrötchen

Ergibt etwa 15 Brötchen

KÜMMELWEGGELEN

ZUTATEN

150 g	Roggen, fein gemahlen
350 g	Dinkel, fein gemahlen
etwa 400 g	lauwarmes Wasser
1 TL	Vollmeersalz
2 EL	Kümmel
20 g	Hefe

ZUBEREITUNG

- Das Roggenmehl mit 250 g Wasser verrühren und zugedeckt mindestens 12 Stunden an einem warmen Ort stehen lassen.
- Das Dinkelmehl in eine Schüssel geben, Roggenteig, Salz und Kümmel hinzufügen.
- Die Hefe in der restlichen Menge Wasser auflösen und zum Mehl geben. Zu einem geschmeidigen Teig kneten und zugedeckt etwa 1 Stunde gehen lassen.
- Mit einem Löffel Teigstücke abstechen, in Mehl wälzen, zu länglichen Broten formen und auf das bemehlte Backblech geben.
- Zugedeckt nochmals etwa 10 Minuten gehen lassen.
- Bei 220 Grad 15–20 Minuten backen.
- Die Brote zum Auskühlen auf ein Gitter legen.

Ergibt etwa 15 Brötchen

SESAMSEMMELN

ZUTATEN

300 g	Weizen, fein gemahlen
200 g	Dinkel, fein gemahlen
1 TL	Vollmeersalz
50 g	Butter
25 g	Hefe
1 TL	Honig
etwa 350 g	lauwarmes Wasser
2–3 EL	Sesam zum Bestreuen

ZUBEREITUNG

- Mehl, Salz und Butter in eine Schüssel geben und vermischen.
- Hefe und Honig im Wasser auflösen, zum Mehl gießen und alles zu einem geschmeidigen Teig kneten. An einem warmen Ort zugedeckt gehen lassen, bis sich das Teigvolumen verdoppelt hat.
- Mit dem Löffel Portionen abstechen, in Mehl wälzen und Brötchen formen. Die Oberfläche in Wasser tauchen und in Sesam wälzen.
- Auf ein bemehltes Backblech legen. Verschieden einschneiden und zugedeckt nochmals 5–10 Minuten gehen lassen.
- Die Brötchen bei 200 Grad 15–20 Minuten backen.
- Zum Auskühlen auf ein Gitter legen.

Ergibt etwa 30 Brötchen

WEIZEN-ROGGENBRÖTCHEN

ZUTATEN

1 l	lauwarmes Wasser
2 TL	Vollmeersalz
40 g	Hefe
500 g	Weizen, fein gemahlen
500 g	Roggen, fein gemahlen
1–3 EL	Sahne oder Öl
2 EL	Kümmel, Fenchel, Anis nach Belieben

ZUBEREITUNG

- Lauwarmes Wasser, Salz und Hefe in eine Schüssel geben.
- Anschließend das Mehl dazugeben und kräftig kneten. Zugedeckt etwa 1 Stunde gehen lassen.
- Mit dem Löffel Teigstücke abstechen, in Mehl wälzen, Brötchen formen und auf das bemehlte Backblech legen. Die Brötchen gehen lassen, bis sie Bläschen bilden.
- Der Teig geht schon nach kurzer Zeit auseinander, da er viel Wasser enthält.
- Bei 220 Grad 20–25 Minuten backen.

PARTYSTANGEN

Ergibt etwa 30 Stück

ZUTATEN

- 300 g Weizen, fein gemahlen
- 1 TL Naturbackpulver
- 1 TL Vollmeersalz
- 100 g würzigen Käse, gerieben
- 100 g Butter
- a 125 g kaltes Wasser

WEITERES

- 1 Ei zum Bestreichen
- 2 EL Kümmel, Sesam oder Mohn zum Bestreuen

ZUBEREITUNG

- Mehl mit Backpulver, Salz, Käse und Butter in eine Schüssel geben.
- Das kalte Wasser hinzugießen, alles zu einem geschmeidigen Teig kneten und 30 Minuten rasten lassen.
- Aus dem Teig beliebig große Stangen formen (etwa die Größe und Dicke von Grissinis) und auf der Arbeitsfläche nebeneinander hinlegen.
- Mit dem Ei bestreichen und mit den Gewürzen bestreuen.
- Die Stangen mit etwas Abstand auf ein leicht gefettetes Backblech legen. Bei 200 Grad 15–20 Minuten backen.

TIPP

- Nach Geschmack auch weniger Käse verwenden oder ganz weglassen.

FOCACCIA (ABB. SEITE 151)

Für 4 Personen (ergibt etwa 8 Stück)

ZUTATEN

- 400 g Dinkel oder Weizen, fein gemahlen
- 2 EL Olivenöl
- 25 g Hefe
- a 250 g lauwarmes Wasser
- ½ TL Salz

BELAG

- 2 EL Olivenöl
- 1 Knoblauchzehe, gepresst
- 4 EL schwarze oder grüne Oliven
- frische Rosmarinzweige
- 1 TL Origano
- Kräutersalz

ZUBEREITUNG

- Alle Zutaten zu einem geschmeidigen Teig verkneten. Wenn möglich, 1 Stunde zugedeckt gehen lassen. Wenn es schnell gehen soll, kann der Teig auch mal früher verwendet werden.
- Nochmals zusammenkneten den Teig ausrollen und auf ein geöltes Backblech geben. Mit einem Holzlöffel Löcher in den Teig drücken.
- Für den Belag das Olivenöl mit dem Knoblauch verrühren und die Teigoberfläche damit bepinseln. Die Oliven und den Rosmarin darauflegen und mit Origano und Kräutersalz bestreuen.
- Bei 180 Grad 20–25 Minuten backen.

VARIATION

- Gefüllte Focaccia: Den Teig etwa ½ cm dick ausrollen, runde Scheiben ausstechen, die Unterseite mit einem Löffel einstechen und mit Olivenöl bepinseln. Nun nach Geschmack Tomatensauce, Käse, Rucola draufgeben, mit Kräutern und Salz gut würzen und mit der gleich großen Teigplatte zudecken. Gut andrücken und die Oberseite mit Öl bepinseln. Auf ein leicht bemehltes Backblech geben und im Backrohr bei etwa 200 Grad backen.

GRISSINI

Ergibt etwa 50 Stück

ZUTATEN

- 500 g Weizen, fein gemahlen
- 1 TL Vollmeersalz
- 50 g Hefe
- 200–230 g lauwarmes Wasser
- 70 g Olivenöl
- 1–2 EL Sesam oder Kümmel zum Bestreuen

ZUBEREITUNG

- Mehl in eine Schüssel geben und das Salz zufügen.
- Hefe im Wasser auflösen und zum Mehl gießen.
- Das Öl zufügen und alles zu einem geschmeidigen Teig verkneten.
- Sofort Grissinis formen, mit Wasser bestreichen und Sesam oder Kümmel darüberstreuen. Die Grissinis etwas rollen, dass die Samen gut haften bleiben. Auf ein leicht bemehltes Blech legen.
- Dort etwa 30–40 Minuten gehen lassen.
- Dann bei 200 Grad 12–15 Minuten backen.

FLADEN

Ergibt 40–50 dünne Fladen

ZUTATEN

- 500 g Weizen, fein gemahlen
- 1 TL Vollmeersalz
- 20 g Hefe
- etwa 300 g lauwarmes Wasser
- 50 g Butter
- 1–2 EL Kümmel oder Rosmarin

ZUBEREITUNG

- Mehl und Salz in eine Schüssel geben, die Hefe im Wasser auflösen, zum Mehl geben und alles gut verkneten.
- Zum Schluss die weiche Butter unterkneten und den Teig etwa 1 Stunde gehen lassen.
- In den Teig dann frisch gehackten Kümmel oder Rosmarin kneten, kleine Kugeln formen und zu dünnen Fladen ausrollen.
- Auf ein ganz leicht bemehltes Backblech legen, mit der Gabel einige Male einstechen und bei 200 Grad etwa 8–10 Minuten backen.

VARIATIONEN

- Den Teig ohne Hefe herstellen und hauchdünne Fladen ausrollen.
- Grissini: Aus dem Teig Grissini formen, mit Wasser bestreichen und mit Sesam oder Kümmel betreuen.
- Den Teig nicht zu dünn ausrollen und Stangen ausradeln. Ebenfalls mit Sesam, Kümmel oder Mohn bestreuen und backen.

KÄSETALER

Ergibt etwa 80 Stück

ZUTATEN

- 250 g Weizen, fein gemahlen
- 50 g Mandeln, fein gemahlen
- 1 Prise Vollmeersalz
- Pfeffer aus der Mühle
- 125 g Emmentaler, gerieben
- 1 Ei
- 125 g Butter
- etwa 50 g kaltes Wasser

WEITERES

- 1 Ei zum Bestreichen
- 1 EL Petersilie, fein gehackt
- 1 EL Emmentaler oder Parmesan, gerieben

ZUBEREITUNG

- Alle Zutaten zu einem geschmeidigen Teig verkneten und etwa 30 Minuten rasten lassen.
- Den Teig nicht zu dünn ausrollen und mit einer runden Form Kreise ausstechen.
- Auf ein leicht bemehltes Backblech geben.
- Mit Ei bestreichen, mit Petersilie und Käse bestreuen.
- Bei 175 Grad 15–20 Minuten backen.

VARIATION

- Aus dem Teig mit dem Teigrad Rechtecke oder Dreiecke ausradeln und auf ein leicht bemehltes Blech legen. Mit Ei bestreichen und mit Kümmel oder Mohn bestreuen.

Focaccia (Seite 149)
Grissini
Fladen
Käsetaler

PAPRIKABUTTER

ZUTATEN

- 100 g Butter
- ½ kleine rote Paprikaschote
- 6 Oliven
- ½ Knoblauchzehe
- Kräutersalz
- Pfeffer aus der Mühle
- Thymian, sehr fein gehackt
- einige Tropfen Zitronensaft

ZUBEREITUNG

- Die Butter sehr flaumig schlagen.
- Die Paprikaschote fein hacken.
- Oliven und Knoblauch ebenfalls sehr fein hacken.
- Alles unter die Butter rühren.
- Mit den Gewürzen abschmecken und kalt stellen.

VARIATION

- Die Oliven weglassen, dafür 50 g geschälte und gemahlene Mandeln unterrühren. Mit Kräutersalz, ½ Teelöffel Paprikapulver und frischen Kräutern vermischen.

TOMATENBUTTER

ZUTATEN

- 100 g Butter
- 60–80 g Tomatenmark
- 1 Knoblauchzehe, fein gehackt
- Kräutersalz
- wenig Zitronenschale

ZUBEREITUNG

- Die Butter flaumig rühren und nach und nach das Tomatenmark zufügen.
- Knoblauch, Zitronenschale und Salz zufügen und nochmals verrühren.
- Kalt stellen.

VARIATION

- Die Butter über dem Wasserbad flaumig rühren und langsam 100–150 g passierte Tomaten unterrühren. So lange rühren, bis alles flaumig ist. Knoblauch, Salz und Zitronenschale unterrühren und kalt stellen.

SCHAFSKÄSEAUFSTRICH

ZUTATEN

- 200 g Schafskäse (Feta)
- 100 g weiche Butter
- 3 EL Sahne
- 10 Oliven, gehackt
- 1–2 EL Tomatenmark
- Vollmeersalz
- 1–2 Knoblauchzehen, fein gehackt
- ½ TL Origano
- 2 Basilikumblätter

ZUBEREITUNG

- Den Schafskäse mit der Gabel zerdrücken und mit der weichen Butter und Sahne gut verrühren.
- Die restlichen Zutaten unterrühren und kalt stellen.

Paprikabutter Tomatenbutter Topfen-Olivencreme

TOPFEN-OLIVENCREME

ZUTATEN

200 g	Topfen
150 g	Crème fraîche
100 g	Oliven, klein geschnitten
1–2	Knoblauchzehen, fein gehackt
	Pfeffer aus der Mühle
1 TL	Sesam, getoastet
2–3	Basilikumblätter, in Streifen geschnitten
	Kräutersalz

ZUBEREITUNG

- Topfen und Crème fraîche glatt rühren.
- Die restlichen Zutaten zufügen und gut vermischen.

VARIATION

- 100–150 g Gorgonzola untermischen. Dafür Oliven, Knoblauch, Sesam und Basilikum weglassen.

SENFBUTTER

ZUTATEN

- 1 EL Zwiebel, fein gehackt
- 125 g Butter
- 2 TL Senf
- Kräutersalz
- 1 Essiggurke, fein gehackt
- 1–2 TL Zitronensaft

ZUBEREITUNG

- Die Zwiebel mit einem Esslöffel Butter kurz andünsten lassen.
- Die Butter schaumig rühren.
- Die ausgekühlte Zwiebel und die restlichen Zutaten untermischen und kalt stellen.

SESAMBUTTER

ZUTATEN

- 2 EL Sesam
- 100 g Butter
- Vollmeersalz

ZUBEREITUNG

- Sesam in einen Topf geben und rösten, bis die Sesamsamen zu springen beginnen. Sofort vom Herd nehmen, auskühlen lassen und kurz mahlen.
- Die Butter flaumig rühren, den Sesam dazugeben, mit Salz abschmecken und kalt stellen.

WALNUSSBUTTER

ZUTATEN

- 100 g Butter
- 50 g Walnüsse (15 Stück), gemahlen
- Vollmeersalz

ZUBEREITUNG

- Die Butter flaumig rühren.
- Nüsse und Salz unterrühren und kalt stellen.

ZWIEBELAUFSTRICH (ABB. SEITE 141)

ZUTATEN

- 150 g Zwiebel, fein gehackt
- 2 EL Öl
- 100 g Butter
- Vollmeersalz
- Pfeffer aus der Mühle

ZUBEREITUNG

- Die Zwiebel in Öl goldgelb dünsten, dann erkalten lassen.
- Die Butter flaumig rühren. Salz, Pfeffer und Zwiebel zufügen und gut verrühren.
- Kalt stellen.

FEINER MEERRETTICHAUFSTRICH

ZUTATEN

- 125 g Butter
- 2 EL Meerrettich
- 1 EL Apfel, fein gerieben
- wenig Vollmeersalz
- 1 TL Zitronensaft

ZUBEREITUNG

- Die Butter flaumig rühren und mit den restlichen Zutaten gut vermischen.
- Kalt stellen.

KAPERNBUTTER

ZUTATEN

- 100 g Butter
- 2 EL Kapern, fein geschnitten
- 1 TL Senf
- 1 TL Orangensaft
- 1 TL Zitronensaft
- Pfeffer aus der Mühle
- Vollmeersalz

ZUBEREITUNG

- Die Butter sehr flaumig rühren.
- Die restlichen Zutaten untermischen und alles gut verrühren.
- Kalt stellen.

LAUCHBUTTER

ZUTATEN

- 100 g Lauch
- 100 g Butter
- Vollmeersalz
- Pfeffer aus der Mühle

ZUBEREITUNG

- Den Lauch putzen, waschen, in kleine Stückchen schneiden und in etwas Butter dünsten. Auskühlen lassen.
- Die restliche Butter flaumig schlagen und den Lauch dazugeben.
- Gut würzen und kalt stellen.

PREISELBEERAUFSTRICH

ZUTATEN

- 125 g Butter
- 1 Msp. Muskatnuss
- 1 Msp. Zimt
- 2 EL Preiselbeermarmelade
- ½ Knoblauchzehe, fein gehackt
- etwas Vollmeersalz

ZUBEREITUNG

- Die Butter flaumig rühren.
- Die restlichen Zutaten hinzugeben und alles gut vermischen.
- Kalt stellen.

HASELNUSS-SCHOKOCREME

ZUTATEN

- 150 g Butter
- 100 g Haselnussmus
- 100 g Akazienhonig
- 2 EL Kakaopulver

ZUBEREITUNG

- Die Butter flaumig schlagen und mit den übrigen Zutaten gut vermischen.
- Kalt stellen.

TIPP

- Die Masse in einen Spritzbeutel füllen, Häufchen in Pralinentütchen spritzen und ins Gefrierfach stellen. Dies ergibt ein leckeres Eiskonfekt!

KOKOS-SCHOKOAUFSTRICH

ZUTATEN

- 125 g Butter
- 70 g Akazienhonig
- 1–2 EL Kakaopulver
- 2 TL Getreidekaffee-pulver
- 50 g Mandeln, fein gemahlen
- 2 EL Kokosflocken

ZUBEREITUNG

- Die Butter flaumig rühren, den Honig zufügen und verrühren.
- Kakaopulver, Kaffeepulver, Mandeln und Kokosflocken gut miteinander vermischen und unter die Butter-Honigmasse rühren.
- Kalt stellen.

SCHOKOLADENAUFSTRICH (ABB. SEITE 141)

ZUTATEN

- 60–80 g Haselnüsse
- 100 g Butter
- 2 EL Akazienhonig
- 1 Msp. Naturvanille
- 1–2 EL Kakaopulver

ZUBEREITUNG

- Die ganzen Haselnüsse auf ein Blech geben und ins kalte Backrohr schieben. Auf 200 Grad schalten und etwa 12 Minuten toasten. Herausnehmen, etwas auskühlen lassen und fein mahlen.
- Die Butter flaumig rühren und den Honig unterrühren.
- Haselnüsse, Vanille und Kakaopulver untermischen und die Masse kalt stellen.

DATTELCREME

ZUTATEN

- 100 g Butter
- 15 Datteln
- etwas Naturvanille
- 1 TL Zitronensaft

ZUBEREITUNG

- Die Butter flaumig rühren.
- Die Datteln zerkleinern (im Mixer oder mit dem Messer fein aufschneiden) und unter die flaumige Butter rühren.
- Mit Vanille und Zitronensaft abschmecken und kalt stellen.

FEIGEN-NUSSAUFSTRICH

ZUTATEN

- 40 g Mandeln
- 40 g Haselnüsse
- 100 g Butter
- 6 getrocknete Feigen, sehr fein gehackt
- 1 EL Akazienhonig
- 1 Msp. Naturvanille
- ½ TL Zimtpulver
- 1 TL Zitronensaft

ZUBEREITUNG

- Die Mandeln und Haselnüsse grob mahlen und in einer Pfanne trocken abrösten, dann mit dem Mixer nochmals zerkleinern.
- Die Butter flaumig schlagen, alle anderen Zutaten und die ausgekühlten Nüsse nach und nach zugeben.
- Abschmecken und einige Stunden durchziehen lassen.

HASELNUSSAUFSTRICH

ZUTATEN

- 120 g Haselnüsse
- 100 g Butter
- 1 Msp. Naturvanille
- 1–2 EL Akazienhonig

ZUBEREITUNG

- Die ganzen Haselnüsse auf ein Blech geben und ins kalte Backrohr schieben. Auf 200 Grad schalten und etwa 12 Minuten toasten. Herausnehmen, etwas auskühlen lassen und fein mahlen.
- Die Butter flaumig rühren und Haselnüsse, Vanille und Honig dazugeben.
- Alles gut verrühren und kalt stellen.

VARIATION

- Die gemahlenen Haselnüsse nur mit Honig, Vanille und 1–2 Esslöffel Sahne verrühren.

KRÄUTERSALZ

ZUTATEN

verschiedene Kräuter (Rosmarin, Salbei – von diesen beiden Gewürzen nur wenig verwenden –, Thymian, Estragon, Bohnenkraut, Selleriegrün, Ysop, Petersilie, Schnittlauch, Basilikum u.a.) und Vollmeersalz

ZUBEREITUNG

- Die Kräuter, wenn möglich, um die Mittagszeit ernten (wenn die Sonne am stärksten ist) und putzen. In einem Dörrapparat oder im Backrohr bei 50 Grad oder an der Luft trocknen.
- Alles in einem Mixgerät sehr fein mahlen und mit Vollmeersalz vermischen. Das Kräutersalz luftdicht und dunkel lagern.

VARIATIONEN

- Verschiedene Gemüse (Knoblauch, Zwiebel, Karotten, Lauch, Paprikaschoten, Sellerieknolle) fein hobeln und trocknen. Im Mixgerät sehr fein mahlen und unter das Salz mischen.
- Frisch gemahlenen Pfeffer und Paprikapulver untermischen.

KRÄUTERESSIG

Für 1 l Essig geeignet

ESTRAGONESSIG

3–4 Zweiglein frischer Estragon
1 EL schwarze Pfefferkörner

LORBEERESSIG

etwa 10 Lorbeerblätter
2 EL rote Pfefferkörner

KRÄUTERESSIG

1 Tasse gemischte Kräuter (Basilikum, Thymian, Ysop, Rosmarin)
3 Knoblauchzehen

HIMBEERESSIG

1 Handvoll Himbeeren

- Aus verschiedenen Kräutern und Gewürzen kann man aromatischen Essig herstellen. Die Kräuter werden zur Mittagszeit gepflückt und mit Apfelessig angesetzt. Der Kräuteressig sollte 1–2 Wochen in der Sonne stehen. Danach in der Vorratskammer lagern.

MAYONNAISE

ZUTATEN

- 2 kleine Eigelb
- 1 gehäufter TL Senf
- Vollmeersalz
- 2 TL Zitronensaft
- 1 Schuss Essig
- ¼ l kaltgepresstes neutral schmeckendes Öl

ZUBEREITUNG

- Eigelb mit Senf, Salz, Zitronensaft und Essig verrühren und tropfenweise unter ständigem Rühren das Öl hinzugießen.

FETTSAMEN UND NÜSSE TOASTEN

- Fettsamen und Nüsse entwickeln durch das Toasten einen intensiveren Geschmack. Bei verschiedenen Speisen ist dies von Vorteil.
- Vorsicht, denn wenn Nüsse und Fettsamen zu stark getoastet werden, sind sie dunkel, verbrannt und schmecken bitter.
- Haselnüsse und Mandeln (ganz) werden im Backrohr bei 200 Grad getoastet, bis sich die Schale löst. 5–12 Minuten, je nachdem, ob die Nüsse ins kalte oder schon ins heiße Rohr gegeben werden.
- Geriebene Haselnüsse oder Mandeln, Pinienkerne und Walnüsse können auch in einer trockenen Pfanne getoastet werden (dabei immer wieder mal rühren, dass eine gleichmäßige Bräunung entsteht).
- Sesam, Sonnenblumenkerne, Kürbiskerne werden in einem trockenen Kochtopf kurz getoastet.

FRUCHTSAUCEN

- Aus frischen Früchten lassen sich herrliche Saucen bereiten, die als Dekoration oder Beilage bei verschiedenen Speisen (Süßspeisen und Desserts) serviert werden können.
- Die Früchte werden gewaschen und mit etwas Zitronensaft püriert. Honig wird nach Geschmack und Süße der Früchte beigemengt. Weiters können Naturvanille, Zimt, Brandy oder Rum untergerührt werden.

Glossar

Dressing: kalte Salatsauce

Dünsten: Speisen in wenig Fett oder Flüssigkeit bei niederer Temperatur und mit geschlossenem Deckel garen.

Dämpfen: Speisen über einem Siebeinsatz oder im Dampfofen mit Dampf garen. Dämpfen ist schonender als Kochen in viel Wasser.

Gratinieren: Gerichte mit Käse, Butter, Nüssen oder auch Brösel bestreuen und kurz mit Oberhitze überbacken, bis sie goldbraun sind.

Melanzane: Aubergine

Paprikaschoten: Gemüsepaprika; milde Sorte, die fast keine Scharfstoffe (Capsaicin) enthält; auch als Peperoni bekannt

Peperoncino: Scharfe, kleine Paprikaschoten; auch Chilis genannt

Pürieren: Mit dem Pürierstab oder einem Mixer fein zerkleinern.

Ricotta: Süßer Topfen aus Molke hergestellt

Quellen: Getreide, ob als ganzes Korn, geschrotet oder zu Mehl vermahlen, braucht eine Quellzeit, in der die noch vorhandene Flüssigkeit aufgesogen wird. Quellen heißt immer, den Kochtopf vom Herd wegnehmen und mit geschlossenem Deckel quellen lassen. Die Quellzeit ist in der Kochtabelle angegeben.

Rohnen: Rote Bete

Rucola: Rauke

Unterheben: Eischnee mit einem Schneebesen langsam einrühren.

Wasserbad: In einen Topf mit heißem oder siedendem Wasser wird ein zweiter Topf oder eine Metallschüssel gehängt; die Speise wird nur durch den Dampf erhitzt.

Quellenangaben und Literaturhinweise

Quellen:

Unsere Nahrung, unser Schicksal, Dr. M. O. Bruker, emu-Verlag

Ärztlicher Rat aus ganzheitlicher Sicht, Dr. M. O. Bruker, emu-Verlag

Kurzbroschüre *„Gesund durch richtige Ernährung“,* Dr. M. O. Bruker, emu-Verlag

Die vitalstoffreiche Vollwertkost, Ilse Gutjahr, Goldmann Verlag

Korngesund – Das Getreidehandbuch, Waltraud Becker, emu-Verlag

Getreide und Mensch, Prof. Dr. W. Kollath, Helfer-Verlag E. Schwabe

www.wikipedia.de

Möchte sich jemand noch intensiver mit dem Thema Vollwertkost beschäftigen, sind nachfolgende Bücher empfehlenswert.

Bücher von Dr. med. M. O. Bruker – emu-Verlag
- *Unsere Nahrung unser Schicksal*
- *Lebensbedingte Krankheiten*
- *Biologischer Ratgeber für Mutter und Kind*
- *Idealgewicht ohne Hungerkur*
- *Stuhlverstopfung in drei Tagen heilbar*
- *Herzinfarkt, Herz-, Gefäß- und Kreislaufstörungen*
- *Leber-, Herz-, Magen-, Darm- und Bauchspeicheldrüsenerkrankungen*
- *Erkältungen müssen nicht sein*
- *Rheuma – Ursache und Heilbehandlung*
- *Allergien müssen nicht sein*

Geheimarchiv der Ernährungslehre, Ralph Bircher
Die Ordnung unserer Nahrung, Werner Kollath
Getreide und Mensch, Werner Kollath

Noch viele weitere Bücher zum Thema unter www.emu-verlag.de

Register

** Rezepte mit Tiereiweiß*

APFEL-MOHNSCHNITTEN 115 *
APFEL-NUSSAUFLAUF 94 *
APFEL-SULTANINENKUCHEN 127 *
APFELSTRUDEL 117
APFELSTRUDEL MIT MÜRBTEIG 118 *
ARTISCHOCKENSAUCE FÜR NUDELGERICHTE 102
AVOCADO-BIRNENROHKOST 44 *
BÉCHAMELSAUCE 102
BISKUITROULADE 124 *
BLUMENKOHL-CURRYSUPPE 50
BLUMENKOHL IN CURRYSAUCE 96
BLUMENKOHL MIT SAUERRAHM 40
BOHNEN-LAUCHGRATIN 96
BOHNENBÜNDEL AUF TOMATEN-THYMIANSAUCE 96
BOHNENGEMÜSE 97
BROCCOLI-CHAMPIGNONROHKOST 44
BROCCOLISAUCE FÜR NUDELGERICHTE 97
BROCCOLI MIT MANDELBUTTER 97
BROTCROÛTONS 61
BUCHWEIZENAUFLAUF 74 *
BUCHWEIZENROULADE MIT PREISELBEERMARMELADE 122 *
BUCHWEIZENSCHMARRN 92
BUCHWEIZENSCHNITTEN 124 *
BUCHWEIZENSPATZLEN 66
BUNTER BOHNENSALAT 42
CHAMPIGNONLAIBCHEN 68 *
CHAMPIGNONSAUCE 102
CHAMPIGNONSTRUDEL 70 *
DATTELCREME 157
DATTELSCHIFFCHEN 129
DINKEL-KAMUTBROT 146
DINKELKASTENBROT 144
DINKELMUS 93
DREIKORNKASTENBROT 144
ENDIVIENSALAT MIT WALNÜSSEN 30
ERDBEERTIRAMISU 107 *
FEIGEN-NUSSAUFSTRICH 157
FEINER FENCHELSALAT 38 *
FEINER MEERRETTICHAUFSTRICH 155
FEINER OBSTKUCHEN 116 *
FEINE DINKELBRÖTCHEN 142
FEINE KNOBLAUCHSUPPE 50
FENCHELCREMESUPPE 56
FENCHEL MIT OLIVEN 34
FETTSAMEN UND NÜSSE TOASTEN 159
FLADEN 150
FOCACCIA 149
FRISCHKORNGERICHT 48
FRÜCHTEBROT 135 *
FRÜCHTEEIS 113
FRÜCHTEMOUSSE 108
FRÜCHTESTREUSEL 106
FRUCHTSAUCEN 159
FRUCHTSCHNITTE 130
GEFÜLLTE FOCACCIA 149 *
GEMÜSEBRÜHE 61
GEMÜSEKNÖDEL 70 *
GEMÜSELASAGNE 90
GETREIDE-KAROTTENLAIBCHEN 80
GETREIDESCHROTSUPPE MIT GEMÜSE 54
GORGONZOLADIP 47 *
GRATINIERTE ZUCCHINI 101
GRIESSSCHMARRN 93 *
GRILLGEMÜSE 98
GRISSINI 150
GRÜNER SALAT MIT PARMESANKÄSE 34 *
GRÜNKERNKNÖDEL 69 *
GRÜNKERNLAIBCHEN 69
GRÜNKERNSUPPE 54
GURKEN MIT SAUERRAHM 38
HAFERFLOCKENBRÖTCHEN 146
HAFERSALAT 30 *
HARTWEIZEN-SPINATSPATZLEN 66
HASELNUSS-HONIGSCHNITTE 126
HASELNUSS-SCHOKOCREME 156
HASELNUSSAUFSTRICH 157
HASELNUSSHALBGEFRORENES 113 *
HASELNUSSWEGGELEN 138
HEFEZOPF 120
HIRSEAUFLAUF 92 *
HIRSEAUFLAUF MIT GEMÜSE 66
HIRSEPFANNKUCHEN MIT WIRSING 64 *
HONIG-KROKANT 130
JOGHURTCREME 107 *
JOGHURTDRESSING 46 *
JOGHURTEIS 113 *
KAFFEEMOUSSE 108
KAPERNBUTTER 155
KAROTTENPUFFER 62 *
KAROTTENSALAT MIT SESAM 34
KAROTTEN MIT SELLERIE 36
KARTOFFEL-LAUCHSUPPE MIT BROTCROÛTONS 52

KARTOFFEL-ZUCCHINIAUFLAUF 85
KARTOFFELGNOCCHI 86 *
KARTOFFELKNÖDEL MIT KÄSEFÜLLUNG 84 *
KARTOFFELN IM ROHR 86
KARTOFFELPUFFER 62 *
KARTOFFELSALAT 35
KARTOFFELSALAT MIT CHAMPIGNONS 35
KÄSESAUCE 103 *
KÄSETALER 150 *
KÄSEWÄHE 68 *
KICHERERBSENSALAT MIT GEMÜSE 28
KNABBERECKEN 130
KNOBLAUCHCROÛTONS 61
KNOBLAUCHSAUCE 46, 103
KOHLRABICARPACCIO 32 *
KOKOS-SCHOKOAUFSTRICH 156
KRÄUTERESSIG 158
KRÄUTERSALZ 158
KRAUTSALAT MIT GETROCKNETEN TOMATEN 36
KÜMMELWEGGELEN 148
KÜRBIS-BOHNENSUPPE 52
KÜRBISGRATIN 99
KÜRBISPUFFER 62 *
LAUCHBUTTER 155
LAUCHGEMÜSE ÜBERBACKEN 100
LAUCHQUICHE 64
LAUCHRISOTTO MIT GORGONZOLA 74 *
LEBKUCHEN 134 *
LEBKUCHENHALBGEFRORENES 113 *
LEINSAMENBRÖTCHEN 138
LINSEN-SELLERIESUPPE 58
LINSENRÖSTLINGE MIT SESAMKRUSTE 72 *
LINSENSALAT 40
MANDELLAIBCHEN 134 *
MANDELSCHNITTEN 128 *
MARILLENKNÖDEL 84 *
MARMORKUCHEN 114 *
MASCARPONE-VANILLECREME 112 *
MASCARPONEMOUSSE 108
MAYONNAISE 159 *
MEERRETTICHDIP 46 *
MELANZANERÖLLCHEN MIT FETAFÜLLUNG 100 *
MOHNPARFAIT 110
MOHNSOUFFLÉ 94 *
MOHNSTRUDEL 117
NUSS-KAROTTENSCHNITTEN 114 *
NUSSBUTTER 105
NUSSCREME FÜR WINDBEUTEL 126 *
NUSSKROKANTHÄUFCHEN 129
NUSSSTRUDEL 117
NUSSTALER 132 *
OFENKARTOFFELN MIT PARMESANKRUSTE 86 *
ÖL-KRÄUTERDRESSING 47
ORANGENCREME 108
PALATSCHINKEN MIT SPINAT 76 *
PAPRIKA-AVOCADOTELLER 32
PAPRIKA-LINSENGEMÜSE 98
PAPRIKABUTTER 152
PAPRIKASAUCE 104
PARMESANCROÛTONS 61 *
PARTYSTANGEN 149 *
PASTA E FAGIOLI 57
PETERSILIESAUCE 104
PREISELBEERAUFSTRICH 155
PREISELBEERBUTTER 105
RADICCHIO MIT BOHNEN 44
RADICCHIO MIT GETOASTETEN MANDELKERNEN 42
ROHNENEINTOPF – BORSCHTSCH 57
ROHNEN MIT SELLERIE 32
ROHNEN MIT SONNENBLUMENKERNEN 36
ROSENKOHL MIT PINIENKERNEN 98
RUCOLASALAT MIT PINIENKERNEN 28
SAFRANREIS 76
SALBEIBUTTER 105
SALBEIGRIESSKNÖDELCHEN 77
SAUERKRAUTSTRUDEL 70
SAUERRAHM-FRUCHTCREME 112
SAUERRAHMBRÖTCHEN 142
SCHAFSKÄSEAUFSTRICH 152 *
SCHNECKEN 117
SCHNELLE FRUCHTCREME 106
SCHNELLE SAUCE 103
SCHNELLE WEIZENBRÖTCHEN 136
SCHOKO-NUSSMOUSSE 108
SCHOKOKUGELN 129
SCHOKOLADENAUFSTRICH 156
SCHOKOLADENGLASUR 120
SCHOKOLADENKUCHEN 120 *
SCHOKOLADENKUCHEN SCHNELL 128 *
SCHOKOMOUSSE 108
SCHOKOROULADE MIT KOKOSSAHNE 122 *
SCHOKOSCHIFFCHEN 132 *
SCHWARZPLENTENTORTE 124 *
SELLERIECREMESUPPE 56
SELLERIEFRISCHKOST 28
SELLERIEKNOLLE MIT PARMESAN 30 *
SELLERIESCHNITZEL 72
SENFBUTTER 154
SENFDIP 47
SESAMBUTTER 154
SESAMSEMMELN 148

SPARGELCREMESUPPE 60
SPARGELSALAT 35
SPINATSTRUDEL 70
STAUDENSELLERIE MIT APFEL 42 *
TIRAMISU 107 *
TOMATEN-AVOCADOTELLER 38 *
TOMATENBUTTER 152
TOMATEN MIT FETAFÜLLUNG 100
TOMATEN MIT HIRSEFÜLLUNG 100
TOPFEN-KRÄUTERGNOCCHI 82 *
TOPFEN-OLIVENCREME 153 *
TOPFENKNÖDEL 84 *
TOPFENKNÖDEL MIT LAUCHFÜLLUNG 84 *
TOPFENSTRUDEL 117, 118 *
TROCKENE SUPPENWÜRZE 60
ÜBERBACKENE GRIESSLAIBCHEN 79
VANILLECREME 112 *
VANILLEEIS 113 *
VANILLEGIPFEL 132 *
VANILLESAUCE 105 *
VIERKORNBRÖTCHEN 140
VINSCHGERLEN 137
VOLLKORNBANDNUDELN 88 *
VOLLKORNBROTE 140
VOLLKORNGERSTESUPPE 58
VOLLKORNGRIESSNOCKEN 80 *
VOLLKORNPIZZA 82
VOLLKORNPOLENTA MIT KRÄUTERN 78
VOLLKORNSPATZLEN 66 *
VOLLKORNSPINATNUDELN MIT NUSSBUTTER 88
VOLLKORNTEIGTASCHEN MIT DREIERLEI
FÜLLUNGEN 90 *
VOLLKORNWAFFELN 128 *
WALNUSSBUTTER 154
WALNUSSHALBGEFRORENES 110 *
WALNUSSPLÄTZCHEN 134 *
WEISSE SAUCE 104
WEIZEN-ROGGENBRÖTCHEN 148
WEIZENBRÖTCHEN 136
WINDBEUTEL 126 *
ZELTEN 135
ZIMTHALBGEFRORENES 110 *
ZUCCHINI-APFELROHKOST 40
ZUCCHINI-MINZEGEMÜSE 101
ZUCCHINIKUCHEN 78 *
ZUCCHININUDELN AUF PAPRIKAPÜREE 101
ZWETSCHGENKNÖDEL 84 *
ZWIEBELAUFSTRICH 154

SGGF

Die Südtiroler Gesellschaft für Gesundheitsförderung SGGF, 1985 gegründet, ist ein ehrenamtlich tätiger Verein.
Ziele der SGGF sind:

> Aufklärung und Information über die Gefahren falscher, hauptsächlich zivilisationsbedingter Lebensweise, insbesondere auf den Gebieten der Ernährung, Bekleidung und Wohnung

> Förderung einer naturgerechten, ganzheitlichen Lebensweise

> Wiedererlangung und Erhaltung der Gesundheit

Durch verschiedenste Aktivitäten und Veranstaltungen versucht die Südtiroler Gesellschaft für Gesundheitsförderung diese Ziele zu erreichen.
So bietet sie im Bereich Ernährung Kochkurse an, gibt Beratung zur Vollwertkost, organisiert Vorträge sowie Studien- und Lehrfahrten zu verschiedenen Gesundheitsthemen. Sie ist Mitorganisator der biologischen Erntefeste, gibt dreimal jährlich ein kleines Infoheft heraus und arbeitet mit verschiedenen Organisationen im Bereich Gesundheit zusammen.

Biografie

Rita Bernardi, 1965 in Bruneck geboren, wohnt heute in Marling; verheiratet und Mutter von drei Kindern; seit 1989 Lehrerin an der Berufsschule in Meran.
Seit 20 Jahren beschäftigt sie sich mit der vitalstoffreichen Vollwertkost. Sie ist passionierte Hobbyköchin, hat eine Ausbildung für Vollwertküche gemacht und eignete sich so fundiertes Wissen im Bereich Vollwertkost an. Im Laufe der Jahre kam es zu einer umfangreichen Rezeptesammlung.
Sie hat die Ausbildung zur Gesundheitsberaterin im „Dr. Max Otto Bruker Haus“ in Lahnstein (Deutschland) absolviert und ist seit 1990 aktiv in der SGGF tätig, wo sie seit 2006 den Vorsitz innehat.
Rita Bernardi hält seit Jahren verschiedene Kochkurse sowie Vorträge über die Vollwertküche, gibt Ernährungsberatung zur Vollwertkost und arbeitet bei verschiedenen Veranstaltungen im Bereich gesunde Ernährung mit.

Wilma Taibon, Sonja Sagmeister, Rita Bernardi, Gertrud Gummerer, Gerda Pichler
Als praktizierende Vollwertköstlerinnen und Gesundheitsberaterinnen haben sie über Jahre schmackhafte und bewährte Rezepte gesammelt und getestet. So konnten sie zum Gelingen dieses Kochbuches beitragen. Herzlichen Dank dafür.
In verschiedenen Kochkursen geben sie ihr Wissen über die vitalstoffreiche Vollwertkost weiter.
Ein Dank geht auch an Karla Volgger, Sepp Thaler und Thomas Volgger, welche einige Rezepte zum Buch geliefert haben.

Ein herzliches Dankeschön!

Allen einen herzlichen Dank, die uns bei der Verwirklichung dieses Kochbuches unterstützt haben.

Firma Erhart und Firma Brugnara aus Meran für den Geschirrverleih.
Firma Lauben Zitt für verschiedenste Fotoutensilien.

Assessorat für Handwerk, Handel und Industrie

Die Zutaten für die Rezepte dieses Buches finden Sie in den Biofachgeschäften Südtirols:

auryn - holzer
Schlanders, Gerichtsstraße 6
Tel. 0473 620 055

bio badia
Wengen, Handwerkerzone Pederoa
Tel. 0471 842 052

bio & eko
Leifers, D.-Chiesa-Straße 1
Tel. 0471 954 946

biobazar
Bruneck, Oberragen 18/a
Tel. 0474 530 520

bios
Bozen, Horazstraße 19
Tel. 0471 287 531

natur & leben
Sarnthein, Europastraße 60/a
Tel. 0471 622 709

mandala
Bozen, Dominikaner Platz 22
Tel. 0471 052 526

naturalia
Bozen, Brennerstraße 28
Tel. 0471 052 929

naturalia
Meran, Meinhardstraße 49
Tel. 0473 221 012

pro natura
Bozen, Penegalstraße 1
Tel. 0471 281 560

pro natura
Brixen, Stadelgasse 6/b
Tel. 0472 837 314

pro natura
Neumarkt, Lauben 32
Tel. 0471 820 855

triade
Bozen, Dominikaner Platz 5
Tel. 0471 981 250

triade
Kaltern, Rebschulweg 1
Tel. 0471 965 387

triade
Neumarkt, Marienstraße 8/1
Tel. 0471 820 215

www.biofachgeschaefte.it